U0480203

乡村振兴丛书

农村产业融合发展的理论研究与实践

NONGCUN CHANYE RONGHE FAZHAN DE LILUN YANJIU YU SHIJIAN

魏刚 尤力 ◆ 著

四川大学出版社

图书在版编目（CIP）数据

农村产业融合发展的理论研究与实践 / 魏刚，尤力著. 一成都：四川大学出版社，2023.10
（乡村振兴丛书）
ISBN 978-7-5690-6412-4

Ⅰ．①农… Ⅱ．①魏…②尤… Ⅲ．①农业产业－产业发展－研究－中国 Ⅳ．①F323

中国国家版本馆CIP数据核字（2023）第199734号

书　　名：农村产业融合发展的理论研究与实践

Nongcun Chanye Ronghe Fazhan de Lilun Yanjiu yu Shijian

著　　者：魏　刚　尤　力
丛　书　名：乡村振兴丛书

丛书策划：庞国伟　梁　平
选题策划：梁　平　敬铃凌
责任编辑：梁　平
责任校对：杨　果
装帧设计：裴菊红
责任印制：王　炜

出版发行：四川大学出版社有限责任公司
　　　　　地址：成都市一环路南一段24号（610065）
　　　　　电话：（028）85408311（发行部）、85400276（总编室）
　　　　　电子邮箱：scupress@vip.163.com
　　　　　网址：https://press.scu.edu.cn
印前制作：四川胜翔数码印务设计有限公司
印刷装订：四川盛图彩色印刷有限公司

成品尺寸：170 mm×240 mm
印　　张：10
字　　数：188千字

版　　次：2023年10月 第1版
印　　次：2023年10月 第1次印刷
定　　价：58.00元

本社图书如有印装质量问题，请联系发行部调换

版权所有 ◆ 侵权必究

扫码获取数字资源

四川大学出版社
微信公众号

前　言

　　为解决我国农村产业发展问题，近年来，我国先后出台了一系列政策文件引导和推动农村产业融合，各级地方政府也在积极响应。从农业发展的角度来看，农村产业融合有利于我国多功能农业的发展，有利于优化农业资源配置，有利于推动农业领域的供给侧改革，它是应对农业经济新常态的现实选择。从我国政策角度来看，促进农村产业融合发展是新时期中国特色农业现代化的必然要求，是提高农村居民收入和推动农业农村发展的全新模式。所以，对农村产业融合发展问题的分析研究已成为备受关注的热点课题，具有重要的现实意义。

　　本书分为六章。第一章为农村产业融合发展概述，主要对产业融合、农村产业融合和农村产业融合发展等概念以及相关理论进行简述；第二章为农村产业融合发展现状，主要分析了农村产业融合发展概况以及存在的问题，介绍了影响我国农村产业融合发展的有利因素和不利因素，并对我国我国农村产业融合发展水平进行评价分析；第三章为农村产业融合发展模式，主要简述了我国农村产业融合的主要模式，并以具体案例进行分析；第四章为农村产业融合发展的载体建设，主要建设"五体系一平台"以推动农村产业融合发展；第五章为农村产业融合发展的风险管理，主要对农村产业融合发展的风险进行分析，从而列出我国农村产业融合发展的风险管理模式，最后根据农村产业融合发展存在的风险提出风险管理对策；第六章为农村产业融合发展对策建议，主要从农村产业融合发展水平层面、农村产业融合发展服务层面和农村产业融合发展政府层面等方面提出优化建议。

　　农村产业融合发展主张的提出，为农村农业发展提供了新的思路。虽然总体来看，部分地区在农村三产融合发展中取得了较大的成绩，但不可否认，我国仍然处于农村产业融合发展的初级阶段。对此，我国需要进一步推动和优化农村产业融合发展，促进现代化农村发展。

著　者

目　录

第一章　农村产业融合发展概述 …………………………………………（ 1 ）
　　第一节　产业融合、农村产业融合及其发展 ……………………（ 1 ）
　　第二节　农村产业融合发展相关理论 ……………………………（ 23 ）

第二章　农村产业融合发展现状 …………………………………………（ 26 ）
　　第一节　农村产业融合发展与影响因素 …………………………（ 26 ）
　　第二节　农村产业融合发展水平 …………………………………（ 43 ）

第三章　农村产业融合发展模式 …………………………………………（ 53 ）
　　第一节　农村产业融合发展模式概述 ……………………………（ 53 ）
　　第二节　农村产业融合发展模式内容及案例 ……………………（ 56 ）

第四章　农村产业融合发展的载体建设 …………………………………（ 72 ）
　　第一节　农村产业融合发展的金融支持体系建设 ………………（ 72 ）
　　第二节　农村产业融合发展的农业社会化服务体系建设 ………（ 79 ）
　　第三节　农村产业融合发展的农村"双创"服务体系建设 ………（ 84 ）
　　第四节　农村产业融合发展的农村电子商务服务体系建设 ……（ 90 ）
　　第五节　农村产业融合发展的农村公共服务体系建设 …………（ 92 ）
　　第六节　农村产业融合发展的农村公共服务平台建设 …………（ 95 ）

第五章　农村产业融合发展的风险管理 …………………………………（ 99 ）
　　第一节　农村产业融合发展的风险概述 …………………………（ 99 ）
　　第二节　农村产业融合发展的风险管理模式 ……………………（114）

第六章　农村产业融合发展对策建议 …………………………………（137）
第一节　农村产业融合发展水平层面提升建议 ……………………（137）
第二节　农村产业融合发展服务层面优化建议 ……………………（142）
第三节　农村产业融合发展政府层面优化建议 ……………………（145）

参考文献 …………………………………………………………………（148）

第一章 农村产业融合发展概述

第一节 产业融合、农村产业融合及其发展

一、产业融合的内涵与特点

(一) 产业融合的内涵

产业融合这一新的经济现象最早出现于20世纪60年代,伴随着信息化时代的到来,数字技术蓬勃发展,与之相关的行业如通信、传媒等开始出现产业彼此交叉,这就是最早的产业融合现象。直至20世纪90年代,随着互联网浪潮的兴起,产业融合开始更加广泛地出现在其他产业,从而吸引了众多学者对其进行研究。综合现有观点来看,产业融合从狭义的角度就是产业界限在技术创新、管制放松的情况下开始模糊甚至消失;从广义的角度,就是产业间渗透交叉,最后融合,产生新业态的过程。

目前,产业融合主要包括以下几类:一是高新产业向其他产业进行技术渗透、融合,二是在产业与产业之间的融合,三是产业内部之间细分行业的融合。高新技术在企业诞生、发展、壮大中扮演了重要角色,通过技术渗透融合,有利于催生新产业。产业与产业之间的融合主要指产业之间界限逐渐淡化后,产业功能外溢,进而与其他产业功能进行融合,这种产业功能的再次组合容易催生新业态,如传统农业和观光旅游业之间的交叉融合,产生了乡村观光旅游等新产业。产业内部之间的融合主要指细分行业之间的互相整合,以农村产业内部之间渗透交叉融合的产业模式为例,该模式利用生物链原理,发展种养结合,打造生态循环发展模式,大大提高了农业资源利用效率。

（二）产业融合的特点

第一，产业融合有发展程度差异。产业融合是一个动态发展过程，从融合萌芽到产业融合的最终实现需要一个过程，在二者之间存在不同的发展状态。产业融合发展程度差异可以从两方面来理解：一方面，产业融合不是某个企业或部分企业内部分工发展的结果，它是所有企业或占主体企业内部分工对社会分工的替代。因此，在某个具备创新精神的企业开始扩大分工到最终产业融合实现是一个动态发展过程。另一方面，不同类别产业融合的发展程度不同。两个及以上产业相互融合会形成新业态，并不一定意味着原有产业的消失。产业融合通常发生在产业边界，呈现出部分融合，而不是完全融合。在研究时，经常用到"交叉""渗透"和"延伸"等词语来描述产业融合，甚至有时产业融合会导致原有产业的完全消失，形成新的业态。无论何种融合方式，其形成的新产业同样遵守社会内部分工发展的规律，与原有的产业共同组成新的社会分工体系。

第二，产业融合不是简单的产业叠加。两个及以上产业相互融合，并不代表相对于原产业，产品类别增加、产量扩大或者市场规模扩大等产业"量"的改变。产业融合实质是产业发展"质"的变化，融合形成新的产业具备复合性新的产业属性，或改变生产过程，或改变生产结果，从而具备与原产业不同的技术或产品属性。

二、农村产业融合的内涵与基本类型

（一）农村产业融合的内涵

农村产业融合，简称三产融合，涉及农村一二三产业的融合，是指在一二三产业的发展中，通过农村的资源要素、生产技术、供给需求的整合重组，形成新的产业技术和商业模式，从而带动传统的农业经济模式实现变革。农村产业融合以产业链延伸、产业范围拓展和产业功能转型升级为特征，以产业的发展结构和方式转变为结果。主要方式为产业上下游跨界发展，通过精细化管理提升附加值，通过利益共享让农户深度参与产业增值收益，通过衍生业态实现现代技术引领下的生产经营方式创新升级。农村产业包括第一产业，即以种植为主的产业；第二产业，即以加工为主的产业；第三产业，即以非物质生产为主的产业。农村一二三产业的具体分类：农村第一产业作为提供原材料的产业，主要包括种植、养殖等产业。农村第二产业包括食品的生产和制造等与农业生产相关的产业；农村第三产业是指其他不以物质生产为核心的产业，如旅游业、餐饮业、交通运输业等产业。

农村三产融合，是以农业为基本依托，通过产业联动、产业集聚、技术渗透、体制创新等方式，将资本、技术以及资源要素进行跨界集约化配置，使农业生产、农产品加工和销售、餐饮、休闲以及其他服务业有机地整合在一起，最终实现农业产业链延伸、产业范围扩展和农民收入增加。[①]

（二）农村产业融合的基本类型

既然农村产业融合以农业为基础，农村产业融合基本类型应该包括一二产业融合、一三产业融合、一二三产业融合以及第一产业内部融合，具体如下：

一二产业融合主要包含两种情况：一是基于共同技术基础产生的产业融合，如工业生产技术、装备等运用于农业，对农业生产过程进行改造，其典型业态是工厂化农业或设施农业；二是基于产业关联产生的产业融合，如农业和农产品加工业的融合，表现为农业产业链纵向延伸。

一三产业融合也可分为两种情况：一是基于共同技术基础而产生产业融合，主要表现为以旅游、教育、文化艺术等为代表的服务业向农业渗透融合，其典型业态是休闲农业、农业旅游业等；或者以互联网为代表的高新技术产业向农业渗透融合，其代表业态是电子商务农业、智慧农业等。二是基于产业需求或技术关联，也属于融合范畴，交通运输、销售等服务业与农业相互融合，形成供需直接对接的食品短链等业态。

一二三产业融合则指的是第一二三产业在农村区域通过交叉、渗透或者产业集聚方式，形成具备三次产业属性的混业分工形式，如食品加工厂观光、酒庄休闲观光等。

第一产业内部融合指的是农业种植业、畜牧业和养殖业等子产业，基于产业关联和供需关系，建立起的种养加结合、上下游有机衔接、循环往复、绿色发展的复合型业态，其典型代表是循环农业、立体农业等。

[①] 赵杨：《农村产业融合中的政府职能研究》，中共山东省委党校，2023年，第11页。

三、农村产业融合发展的内涵、历程与特点

(一) 农村产业融合发展的内涵

相对农村产业融合而言,农村产业融合发展的核心是"融合发展",强调的是农村地区产业之间融合的动态过程。农业现代化、农业产业化、"六次产业化"与农村产业融合发展都强调三次产业之间的有机联系,并且都是一种转变农业发展方式的动态过程,但是也有明显的区别。显然,农业现代化更加凸显对传统农业的改造过程,强调将现代科技、信息、管理等现代生产要素引入农业转型发展之中。农业产业化更加强调贸工农的一体化发展,主要鼓励龙头企业以及中介组织等主体之间开展多种形式的合作,推动农业生产组织模式的转变。"六次产业化"则侧重以农户、农村资源禀赋为基础,通过农业的发展延伸产业链价值链,注重农村内生发展。而农村产业融合发展更注重技术、管理等要素的贡献,价值分配关注农业、农村、农民的利益,同时强调产业的交叉、渗透、整合形成产业新形态。

结合产业融合的特征、产业融合的范围、产业融合的条件以及产业融合的类型,可以看出,狭义上的农村产业融合发展是在农村内部的一产业的细分产业与二三产业的细分产业之间的分工,细分产业通过技术、管理等要素形成产业新形态。从广义上来说,农村产业融合发展要将农村地区、农业产业作为融合起点和发展基础,通过技术层面、体制机制层面,以及上下游产业联动等方式带动资本、技术、管理等要素跨界集约配置,延伸农业产业链价值链,拓展农业多功能,培育农业发展的新业态、新模式,最后在农村地区形成各产业之间渗透、整合、交叉的现代农业经营体系。

20世纪90年代,日本今村奈良臣提出六次产业发展理念,通过多种经营的乘法理念摆脱农村农业发展日趋衰落的状况。日本和韩国的六次产业发展实践已取得显著成效。在借鉴和吸收国外经验的基础上,在20世纪90年代初期,我国提出推动农业产业化的决定。随着信息技术不断向农业渗透,以及各产业之间融合趋势加强,2016年中央又提出推动农村产业融合发展的指导意见。新时代下推动农村产业融合发展,有助于农民在产业融合中分享红利、吸引现代生产要素改造传统农业、拓展农业多功能从而培育农村新的增长点,实

现城乡融合发展的目标。[①]

（二）农村产业融合发展的历程

1. 探索起步阶段（1978—1996）

改革开放后，我国农村基本经营制度在以放活为中心的农村经济体制改革过程中得以确立，推动实现了农村土地集体所有权与农户家庭承包经营权的两权分离，激发了农户生产经营的积极性，为农民从事农村二三产业的经营提供了制度支持和可能性。作为双层经营体制的基础层次，家庭经营地位的重新确立带来了农村财产积累、分工分业、要素流动和组合等方面的深刻变化，使农村经济从封闭走向开放、从传统走向现代。在此阶段，我国推动农产品流通体制市场化改革，理顺了农产品市场流通体制，推动了农产品市场的快速成长，为农村二产业发展积累了充足的农产品原料，也促进了农产品流通商业等农村三产业的发展。从农村产业经营主体来讲，国家政策层面大力支持农村探索多种经营，乡镇企业实现异军突起，直接带动了农村非农产业（二产业和三产业）的发展，带来了农村产业结构的深刻变动。这一阶段，我国农村一二三产业产值之比由1978年的1∶0.17∶0.02发展为1995年的1∶1.01∶0.19，农村一产业产值比重快速下降，二产业产值比重快速上升，三产业产值比重稳步提高。整体而言，这一阶段农村产业走向初步融合发展。

农工商综合经营是这一阶段我国农村产业融合发展的典型组织形态。在横向联合上，若干农业企业以资金和农产品原料等入股，联合组成农工商综合企业，共同发展加工工业和销售业务。在纵向联合上，农业、工业和商业各个部门的企业，联合起来实行综合经营，形成产供销一条龙的农工商综合企业。农工商综合企业串起了农村一二三产业，初步实现了农产品及原料、资金、劳动力等要素的优化组合，加强了农、工、商之间的协作，增进了产、供、销之间的衔接，进而促成了以农业为中心，农业生产与农业产前、产后部门相结合的综合经营系统，推动了农村产业的初步融合。但这一阶段的农村产业融合发展存在经营主体联结松散、分布不平衡、产品附加值低等不足。

[①] 王乐君、寇广增：《促进农村一二三产业融合发展的若干思考》，《农业经济问题》，2017年第6期，第82~83页。

2. 加快成长阶段[①] (1997—2012)

20世纪90年代中期以后,我国经济发展发生了阶段性转变,由前一阶段的卖方市场,聚焦解决短缺经济问题,转化为形成买方市场,从重视产量向突出质量和效益转变。农村经济社会同样发生了巨大变化,农产品市场供求关系已经由全面短缺转变为"总量基本平衡、丰年有余"的新格局,农业发展不仅受到资源的约束,还越来越受到需求的约束。在此背景下,我国农业和农村经济结构进入战略性调整的新时期,着力推动实现农业增长方式转变,建立适应社会主义市场经济要求的农村经济体制和运行机制。

农业产业化经营是这一阶段我国农村产业融合发展的典型组织形态。为了推动农村经济发展,顺应上述新变化,1997年党的十五大报告明确提出,要大力发展农业产业化经营。这标志着发展农业产业化经营成为全党全国的共识。此后,以农业产业化经营为典型组织形态,农村产业融合发展进入加快成长阶段。随着我国各地开展农业产业化经营,订单农业得到推行,农业领域的投资主体逐步多元化,龙头企业得到快速发展。

我国农村产业融合发展在这一阶段取得新进展:一是联结性进一步增强。相比于农工商综合经营,龙头企业、农民合作社、专业市场等主体在农业产业化经营中与农户建立了更为紧密的利益联结。二是农产品加工业、储藏、保鲜、运销业等非农产业实现较快发展,并且直接带动了农村物流、商贸、服务等相关行业发展,活跃了农村经济。三是地域分布更为平衡。中西部地区的农业产业化经营取得了较快发展。

3. 深化发展阶段[②] (2013年至今)

党的十八大以来,我国经济由高速增长阶段转向高质量发展阶段,新发展理念成为我国经济发展的指导原则。在此背景下,我国农村产业融合进入深化发展阶段,加快形成高质量发展新局面。

第一,农村产业融合发展上升为全党共识。2015年中央一号文件从经济发展新常态下促进农民增收的维度明确提出,"推进农村一二三产业融合发展……充分挖掘农业内部增收潜力,开发农村二三产业增收空间"。此后历年

[①] 曹哲、邵旭:《我国农村一二三产业融合发展的动力机制研究》,《西南金融》,2023年第4期,第58页。

[②] 曹哲、邵旭:《我国农村一二三产业融合发展的动力机制研究》,《西南金融》,2023年第4期,第59页。

中央一号文件从不同层面部署推进农村产业融合发展。2017年10月,党的十九大报告提出"促进农村一二三产业融合发展"。2018年6月,《乡村振兴战略规划(2018—2022年)》提出,到2022年初步形成农村一二三产业融合发展格局。2022年,中央农村工作会议从锚定建设农业强国目标的维度,强调要向一二三产业融合发展要效益。可见,近年来从顺应经济新常态新变化,再到建设农业强国,我国持续推进农村产业融合发展,强调发挥产业融合促进农民增收、农业增效、农村变美的重要作用。

第二,农村产业融合主体不断发展壮大。农业龙头企业由数量增长转向注重发展质量,在经营规模、科技创新、联农带农等方面实现显著提升,经营领域覆盖农业全产业链,引领农村产业深度融合发展。家庭农场和农民合作社注重生产管理规范化、资源要素集成化、经营主体职业化、发展规模适度化,不断延伸产业链条,经营领域覆盖了农业种植、加工销售、仓储运输、信息服务等环节。

第三,融合发展平台持续加强。近年来,我国支持创建了一批不同层级的现代农业产业园、农业产业强镇、农村产业融合发展示范园。这些园区平台成为支撑产业融合发展的高地和引擎,汇聚了各类生产要素、经营主体、市场信息等资源,培育出涉及一二三产业的多种融合业态。

第四,融合业态加快提档升级。农业与文化业、旅游业走向深入融合,休闲农业、观光农业、体验农业等业态持续走特色化、品牌化发展之路。互联网等信息技术与农业加深融合,电子商务平台、直播带货等业态持续深化发展。大力实施品牌兴农,培育精品农业品牌,发展农村特色产业。

(三)农村产业融合发展的特点

我国农村产业融合的特点主要体现在以下三方面。

1. 新技术渗透

近些年来,各种新技术不断涌向农业生产过程,为智慧农业的形成奠定了基础。新技术的应用使农业生产模式多样化,提升了农业生产效率以及产品品质。现如今,农业生产的各个环节都能看到科学技术的应用,这极大地提高了农业生产效率。最典型的就是互联网的利用,例如一些农产品产地偏远且具有不易保存的特点,农户很难及时准确掌握市场信息,而互联网的普及有利于农户及时获取市场信息并快速传播产品信息。新技术的渗透同样提高了生产管理效率,例如,农信通公司的"智慧农业"利用现代技术对农业经营场所进行远程管理，实现了远程控制与多功能预警，为生产注入了技术活力。

2. 新业态形成

当前农业的发展已经逐步走出了农业内部的融合，通过资源要素的重新配置更加紧密地连接了其他产业。当下，人们对产品的要求也不断变化，农业仅仅提供农产品是不够的，相对来说，现代消费者更在乎产品的质量。同时，人们闲暇时间的增加也迫切需要农业积极开发旅游功能。在这些因素的推动下新的产业形态如休闲旅游业、工厂化农业等逐渐形成，极大地延伸了农业产业链。例如，某地以休闲主题吸引游客，园内可以观赏植物花卉，也可以垂钓，同时也开展了编中国结、制作陶瓷等活动，吸引了大批游客。

3. 模式创新

新技术的运用以及新业态的形成推动了新模式的形成。现在的传统农业模式已经转向了综合型模式，加强了乡村旅游、服务业与农业的融合，已经不再是单一的生产型模式了。而新的经营模式提高了农业的竞争力，通过旅游带动等方式促进了农民增收。新模式主要包括消费新模式、农业经营新模式、农业休闲新模式、农业变现新模式等。农业公园体现了新的消费模式。和农家乐、城市公园相比，农业公园更加高端化，是休闲农业的升级版，结合了乡村旅游和农业园林，体现了现代化的农业生产。文创农业体现了农业休闲新模式。这种模式充分发挥了农业的文化功能，将文化创意融入农业，不断提升农业的价值。新模式的特点主要是充分发挥了农业的生态、文化功能，利用农业多功能性实现了农业与旅游业等产业的融合，带动相关产业的发展。

四、农村产业融合发展的主体

从概念上来说，产业融合是基于技术进步和制度创新，导致产业边界模糊化和产业界限的重构。而研究三产融合，即是研究一二三产业的融合问题，其中一二三产业的划分及包含的内容应遵从国家统计局的《三次产业划分规定》。

如图 1-1 所示，以农业为基点，一二三产业融合发展的产业链条可被划分为产前、产中、产后三大环节。产前环节是指农业生产之前，涉及的产业类型包括二产及三产。其中二产主要是农业投入品的生产，如化肥、农药、兽药、农机农具以及农业设施等；三产主要指信息服务、保险服务、科技研发、金融服务等。产中环节主要指农业生产环节，涉及的产业主要是一产和三产，一产指传统上的农林牧渔业，三产则有农机租赁、农技推广、旅游服务等。产后环节主要指农产品收获之后的所有环节，涉及的产业主要是二三产，其中二产主要是农产品加工业，三产主要是仓储服务、物流运输、批发零售业、餐饮服务等。

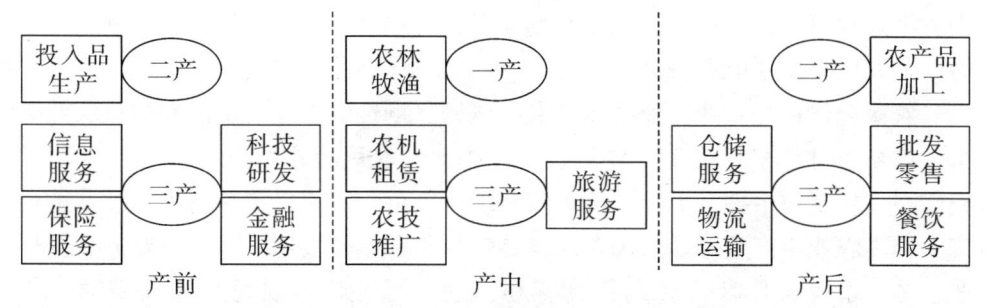

图 1-1　农村产业融合发展所涉及的主要产业

农村产业融合的参与主体分布在上述产业当中，通过价值共享和技术溢出相互关联，成为农村产业融合的利益相关者，而且它们之间的联系随着融合的深入而变得紧密，有的甚至不会有严格的区分，比如产业融合中同一主体起到多重作用。

（一）农村产业融合的新型农业经营主体

1. 农业生产主体

普通农户是传统农业经营的最小单位，但随着农村产业融合发展，普通农户在生产经营上受到规模的制约，参与融合发展的程度较低。为了适应发展需求，以价值共享为纽带，普通农户向农业新型经营主体转变，最直接的途径是普通农户联合形成农民合作社。其他可能的发展途径为扩大经营规模从而形成家庭农场或成为专业种养大户、为农村产业融合提供劳动力、变成农村生产生活服务业者等。

与普通农户相比，专业种养大户具有更大的农业生产规模，而且以直接出售农产品作为主要收入来源。专业种养大户拥有大型农业机械和生产设施，能满足规模经营的需求，并且土地流转政策成为专业种养大户稳定经营的保障。专业种养大户在农业生产中不仅为周边村民提供工作机会，而且还在自身进行农业生产的同时，带动周边农户，形成"一村一品"的风格，也有很大可能成为农民合作社的重要发起人。现代发展背景下，专业种养大户要获得更高的收益，就需要和二三产业相关行业进行对接，改善生产方式以符合更高的要求，这表明农村产业融合对专业种养大户具有重要意义。

家庭农场是农业规模化经营、商品化生产经营的代表模式，与专业种养大户相比，家庭农场更重视综合性经营，具有一定规模的土地和规范的种养流程、机械化程度较高、可以产出能够直接销售的商品、可以提供特色休闲旅游服务都是家庭农场的特征。家庭农场除了自己的劳动力外，还会雇用其他劳动力，为农民提供了就业机会。

农民合作社是农业生产主体自发组成的互助性组织，成员之间通过农业技术、市场信息等相互关联。与普通农户相比，农民合作社具有更大的经营规模，在市场竞争中拥有更大的话语权和议价能力，也有助于新型农业技术的推广，提高农业生产效率。农民合作社是农村产业融合发展过程中重要的农业生产主体，农民合作社成员之间具有利益的一致性，对农民增收的带动作用明显。

2. 新型农业社会化服务体系

农业生产主体是农村产业融合中最基本的农业生产经营单元，包括传统的普通农户、专业种养大户、家庭农场和农民合作社等新型经营主体。20世纪80年代开始，农业社会化服务体系逐步建立并开始服务于农业生产。国务院发布的《关于加强农业社会化服务体系建设的通知》认为，农业社会化服务是包括专业经济技术部门、乡村经济合作组织和社会其他方面为农、林、牧、副、渔各业发展所提供的服务。农业社会化服务体系是以农业社会化服务为基础形成的多经济成分、多渠道、多形式、多层次的服务体系，提供的服务主要包括五个方面：一是村级集体经济组织开展的统一农业劳动，二是农技站、农机站、畜牧兽医站等提供的农业技术服务，三是供销社、物资、金融等部门提供的购销、筹资、保险服务，四是科研、教育单位提供的培训指导服务，五是农民专业技术协会、农民合作社、专业农户提供的服务。

另外，《中共中央关于推进农村改革发展若干重大问题的决定》指出，要建立新型农业社会化服务体系。建设覆盖全程、综合配套、便捷高效的社会化服务体系，是发展现代农业的必然要求。加快构建以公共服务机构为依托、合作经济组织为基础、龙头企业为骨干、其他社会力量为补充，公益性服务和经营性服务相结合、专项服务和综合服务相协调的新型农业社会化服务体系。虽然随着各项改革的深入曾经存在过的一些提供服务的主体已经消失，但农业社会化服务的需求没有消失。从概念上看，农业社会化服务的关键点在于"服务"，也就是服务于农业生产的"第三产业"。随着现代农业的发展，对农业社会化服务体系的需求也日益增长,农业社会化服务组织多元融合发展成为新型农业社会化服务的重要特征。新型农业社会化服务同样涉及生产、金融、信息、销售四个方面的服务,但随着新型农业经营主体和服务主体的出现,边界变得模糊。以小农户生产托管服务为例,托管形成规模优势,也使得农业生产更加规范,在过程中也蕴含了上述提到的各项服务。建立和发展新型农业社会化服务体系,不仅可以服务农业生产,还可以成为农村产业融合的中间环节,为产业间融合发展提供服务。

2022年,《关于加强农业科技社会化服务体系建设的若干意见》指出,农业科技社会化服务体系是为农业发展提供科技服务的各类主体构成的网络与组织系统,是农业科技创新体系和农业社会化服务体系的重要内容。长期以来,以农技推广机构等公益性服务机构为主体的农业科技社会化服务体系在推进农业发展中发挥了重要作用。

3. 农产品加工主体

农产品加工主体主要包括各种类型的农产品加工企业。现阶段,大多数农产品都是以"生产—加工—销售"的方式进入消费市场,其中农产品加工起到了对接生产和消费的关键作用。可以说,农产品加工企业是农村产业融合的关键所在。

农产品加工企业存在的核心价值在于提升农产品的附加值,以龙头企业为代表的农产品加工企业是农村第二产业的重要组成部分,主要完成农产品产地初加工、农产品精深加工和农产品加工副产物综合利用工作。其中,产地参与初加工的企业涵盖面较广,既包括专业大户和农民合作社对自产农产品的初加工,也包括中小型企业和龙头企业进行的初加工;农产品精深加工主要由农业龙头企业实现,是延长农业产业链的主要形式;加工副产物综合利用则主要由中小型农业企业进行。

农产品加工企业参与的农村产业融合模式如图1-2所示。

图1-2 农产品加工企业参与的农村产业融合发展模式

在产业纵向融合的框架下，农产品加工企业处于中心位置，农产品加工企业连接农产品生产者和消费市场。通过深入分析得出，农产品加工企业在农村产业融合中的作用主要体现在以下几方面。

第一，带动农民增收。农产品加工的主要目的之一是提高农产品的附加值，这不仅能够促进农民增收，提供就业岗位，还能促进农业生产的发展。农产品加工企业对农业生产的带动作用主要表现在三方面：一是为大规模农业生产的产品提供了销售出路，能够促进农业生产主体规模和实力的提升；二是能够增强农业生产的抗市场风险能力，因为经加工后的农产品保存时间延长，更能适应市场的变化，在"保底价"的机制下，能够防止菜贱伤农现象的发生；三是农产品加工企业在产业融合过程中会参与到农业生产中，建立生产技术服务平台或示范基地，从而促进农业生产技术的发展。带动农民增收还体现在提供就业岗位上。因为农产品加工企业大多分布于县、乡镇或村一级，与农民距离近，能够吸收周边农民就业，实现农民增收，也将农业产业链的增值收益更多返还到农民手中。另外，农产品加工企业作为县域工业化的主要组成部分，对县域经济发展有较强的推动作用，从而促进地区发展，惠及当地农民。

第二，改变农村产业发展模式。农产品加工企业带来的产业链增值收益和就业岗位，可以让农民看到增收的新途径，从而推动乡村工厂的形成和发展。农民合作社和专业大户等主体在参与农村工业生产过程中，具有资金和制度优势，能在农产品的生产地实现初级原料到特色产品的转化，而更进一步可以进行规范化乡村工厂建设，真正做到农村一二产业的融合互动发展。另外，农产品加工企业在做大做强的发展过程中会向产业链前后延伸——向前延伸可以带动农业技术的进步，向后延伸可以带动农村第三产业的兴起，实现企业的跨界发展。比如，很多地区的乡村旅游和休闲农业就是由农产品加工企业带动发展的，由此建立了农业和休闲观光业的联系，使农民通过这种新颖的商业模式取得农业生产以外的收入。这种融合体现了乡村的价值，可有力推动城乡融合发展。

第三，响应消费市场需求。随着国家的发展和人民生活水平的提高，城乡居民的消费结构发生了重大变化，对农业和农产品加工企业也提出了新的发展要求。农产品加工企业与消费市场联系紧密，有快速响应市场需求并传导给农业生产主体的作用。具体而言，消费者对农产品、食品质量安全的重视逐步提高，达到以往未有的水平。农产品加工企业需要抓住这一趋势，分析市场分层情况，与农业生产主体合作，实现绿色食品、全程可追溯、产品定制等模式的经营。总之，市场作为产业链条核心，在抓住消费增长重点的同时，为满足消费者的需求，应带动农业技术和理念的进步，同时兼顾新型物流配送的发展，为产业融合创造发展空间。

（二）农业产业化联合体

农业产业化是传统农业发展的更高级形式，同时也是农业农村提高生产效率、促进农民增收的必然产物。2017年，农业部等6部门出台了《关于促进农业产业化联合体发展的指导意见》，其指出，农业产业化联合体是龙头企业、农民合作社和家庭农场等新型农业经营主体以分工协作为前提，以规模经营为依托，以利益联结为纽带的一体化农业经营组织联盟。由此可以看出，农业产业化联合体是上述农村产业融合主体以利益为联结形成的具有整体特性的主体。

根据技术溢出理论、产业链理论和交易成本理论，随着技术的发展，对农业生产力发展的要求逐步提高，农业产业链也由第一产业内部延伸到第二、第三产业，由此出现了跨产业的产业链内部分工，以保证产业链参与者获得更多的价值增值。在农村产业融合发展的大背景下，农业产业化联合体的特性决定其在发展中具有更大的竞争力。如通过农业产业化联合体内部较为紧密的利益联结，由龙头企业领导，带动农民合作社和家庭农场等积极参与，可以更为迅速地响应消费市场需求，快速开发符合消费升级需求的特色农产品。

可以说，农业产业化联合体对农村产业融合发展具有重要意义。首先，农业产业化联合体是在农村产业融合过程中自然形成的发展模式，能更好地适应农村产业融合发展的需求，各参与环节都能够发挥自身优势，形成协同发展优势；其次，与普通农产品加工企业相比，由于存在更紧密的利益联结，价值增值可以更多地向产业上游传导，所以龙头企业的带动作用更强，不仅可以提高农业生产力，而且稳定经营的农业产业化联合体也是农民持续增收的保障。

（三）其他参与主体

新型农业社会化服务体系专门服务于农业生产的"第三产业"，其侧重点在于服务农业。但在农村产业融合中，第三产业参与者作为重要的组成部分，也影响着农村产业融合发展的进程。从起源方面追寻，技术发展是产业融合的直接原因，农村产业融合亦是如此。科技进步是推动社会发展的重要力量，而第三产业参与者也依赖于科技和社会的发展，主要为运输仓储邮政、金融、信息技术服务、旅游业等领域。

电子商务影响了中国经济的发展方式，而运输仓储邮政作为流通业重要的组成部分，是电子商务的基础。从农村产业融合的角度分析，运输仓储邮政可以看成融合发展中的基础设施：一方面，运输仓储邮政为农村产业融合发展提供物流通道；另一方面，农村产业融合的最终目的是提高农村人口的生活水平，而运输仓储邮政也为生活水平的提高提供了物质运输通道。此外，金融行业的参与体现在三产融合的多个环节，包括新型农业社会化服务体系中的金融服务，也包括为农村产业融合各参与主体提供的资金支持，同时，政府政策导向也通常通过金融优惠政策体现。农村地区对信息技术服务需求日益增加，自动化农业生产系统、农产品加工企业使用的食品安全溯源系统、为农村电子商务提供的技术服务都成为农村产业融合中不可缺少的部分。农业科技直接作用于农业生产可以体现知识的力量，与之相比，信息技术服务在农村产业融合中体现出技术的力量，能起到连接融合要素、优化融合发展流程、保证融合效率的作用。

旅游业参与农村产业融合，主要指的是依靠农村民俗特色、农业生产资源或农产品加工资源发展旅游产业，从而形成乡村旅游、休闲农业、观光农业等特色项目。其中，发展规模较大，具有代表性的例子有被评为5A级旅游景区的漠河北极村旅游区和中国"乳都"呼和浩特的两家4A级工业旅游景区：伊利乳都科技示范园、蒙牛工业旅游景区。与此同时，更具有普遍性的农村产业融合旅游项目也在增多，体现出对农民增收的带动作用。比如，以短途游为主的采摘游、民俗游、观光游、健康生态游已成为城镇居民周末或较短假期出行的选项之一。旅游与农业、文化、养生、民俗等的融合，也成为农村产业融合的重要形式，从现代化农业的角度来看，加快了创意农业、功能农业的发展。

五、农村产业融合发展的宏观环境

下面基于农村产业融合发展的政治、经济、社会和技术分析农村产业融合发展的宏观环境。

（一）政治环境

从2004年到2022年，中共中央连续19年发布以"三农"为主题的"一号文件"，而中央一号文件已经成为中共中央重视"三农"问题的直观体现。其中，2014年中央农村工作会议提出要把产业链、价值链等现代产业组织方式引入农业，促进一二三产业融合互动，随后这一提议被写入2015年中央一号文件。2015年成为真正意义上的农村产业融合发展元年。

在农村产业融合发展提出之前,我国农村发展经过了由城乡二元结构体制向城乡统筹发展的转换,中央一号文件连续关注"三农"问题,从农民增收、建设社会主义新农村、发展现代农业、建设农业强国等方面提出了发展要求。党的十八大报告指出,要推动城乡发展一体化。城乡发展一体化是解决"三农"问题的根本途径。要加大统筹城乡发展力度,增强农村发展活力,逐步缩小城乡差距,促进城乡共同繁荣。坚持工业反哺农业、城市支持农村和多予少取放活方针,加大强农惠农富农政策力度,让广大农民平等参与现代化进程、共同分享现代化成果。加快发展现代农业,增强农业综合生产能力,确保国家粮食安全和重要农产品有效供给。坚持把国家基础设施建设和社会事业发展重点放在农村,深入推进新农村建设,全面改善农村生产生活条件。着力促进农民增收,保持农民收入持续较快增长。这一政策提议为农村产业融合的发展提供了政策基础。

2015年,国务院办公厅发布《关于推进农村一二三产业融合发展的指导意见》,标志着农村产业融合政策上升到国家层面,为全面推动农村产业融合提供了有力的政策保障。随后,农村产业融合逐步出现在各级文件中,将农村产业融合作为解决"三农"问题的主要手段,并取得了良好效果。2019年,国务院发布《关于促进乡村产业振兴的指导意见》,提出农村产业融合是乡村产业振兴的发展路径。2020年,中央一号文件指出,支持各地立足资源优势打造各具特色的农业全产业链,建立健全农民分享产业链增值收益机制,形成有竞争力的产业集群,推动农村产业融合发展。2021年,中央一号文件指出,要加快农业农村现代化。2022年,中央一号文件指出,牢牢守住保障国家粮食安全和不发生规模性返贫两条底线,突出年度性任务、针对性举措、实效性导向,充分发挥农村基层党组织领导作用,扎实有序做好乡村发展、乡村建设、乡村治理重点工作,从而推动农业农村现代化迈出新步伐。

从政策环境上看,现阶段中央及各级地方政府都对"三农"问题有足够的认识,认为农村产业融合是乡村发展的必经之路,并指明了融合发展的方向。可以说,政策上的倾斜使农村地区在教育、文化、医疗等方面得到了全面提高,为农民回乡创业就业、乡村旅游业、农村电子商务等提供良好的软环境,也为农民共享发展成果提供了保障。

(二)经济环境

随着农村居民人均可支配收入逐年增加,农民生活水平也在逐年提升,到2019年农村居民由进入小康迈向富足。但农村发展中存在的问题仍不容忽视,例如在农民的可支配收入中，有相当大一部分来源于工资性收入，但工资性收入多是从事与农业无关的工作。虽然农业产业化发展促使部分农民就近就业，但这也改变不了许多农民远离农业就业的现状。远离农业就业导致农村发展相对滞后，缺少发展动力，因此农村产业融合对农村经济发展具有重要意义，可以为农民就近创业就业创造有利条件。

与农村居民生活水平提升同步发展，城镇居民的生活也发生了巨大变化，人民可支配收入逐年提高，造就了经济学上的"消费升级"现象。事实上，消费升级可以扩大内需，从而拉动经济增长。从农业发展的角度来看，农业需要进行变革以适应经济环境的变化。以食品市场为例，由于目前消费者对健康生活的追求日益强烈，绿色健康食品成为食品消费的热点，对农业生产中的技术与管理的要求也就相应变得更加严格。简言之，健康食品消费的理念为农业提供了新的增长动力，但也对农业发展提出的新的要求，农村产业融合成为满足消费升级的重要实现途径。此外，在当前经济中，新兴消费业态占据越来越重要的位置，电子商务的兴起也影响到了农村发展，农村为经济发展贡献力量的同时，也需要通过新兴业态来改变农村发展方式。而通过农村产业融合发展，区域特色农产品开发、乡村旅游、乡村电子商务等模式能够满足消费者追求健康、追求特色、丰富文化娱乐生活的需求，为经济发展带来新的活力。

（三）社会环境

在社会发展方面，我国已经进入中国特色社会主义新时代，并且在习近平新时代中国特色社会主义思想的指引下，为农业农村的现代化发展找到了切入点，这顺应了广大农民对美好生活的向往。在过去相当长的一段时间中，农业的主要作用是满足人民群众的基本生活需求，特别是食品需求。在新时代，农业主要矛盾转变为结构性矛盾，即特定方面的供过于求和供给不足，说明农业农村的发展需要解决结构性矛盾，必然要进行农业供给侧结构性改革，而农村产业融合是提高农业综合效益和竞争力不可缺少的途径。

随着社会发展和城镇化的深入，农民数量在不断减少，农村所涵盖的区域也在缩减，部分农村变为城镇是乡村发展的一种途径。从另一个角度看，对农村发展来说，农业人口持续减少问题不可忽视——这里所说的农业人口持续减少主要是指本应该从事农业生产而没有从事农业生产的人数。同时，农村青壮年多选择外出打工，还造成了农业人口老龄化问题。实际上，依靠守在乡村的老人明显无法完成农村现代化发展的任务。

结合农业农村的发展现状，要实现农村现代化发展，就需要把与农业相关的二三产业留在农村，为青壮年农民在家乡就业创业提供有利条件，而农村产业融合发展中的利益联结机制能够提供收入保障，使他们成为促进乡村发展的主要力量。

（四）技术环境

技术发展是推动农村产业融合的直接因素，而现有的技术环境为农村产业融合提供了重要的支撑。技术环境包含两个层面的含义：一方面是现代农业技术所起到的作用，另一方面是现代科技在农村农业中的应用。

对农业而言，农业技术的进步使农业与其他产业的连接更加紧密。农业科技向着有利于农村产业融合的方向发展。例如，在与加工业的互动发展过程中，专用品种的种植养殖及规范化管理；为了迎合健康消费的需求，有机农业和特色农业得到发展；无土栽培技术不仅用于农业生产，还是休闲农业重要展示的内容。

对农村产业融合更为有利的技术因素来源于农业外部，特别是信息技术发展带来的变革。由于"互联网＋"将信息技术渗透到各个行业，对农业生产来说，技术的发展带来了农业物联网、智慧农业的发展，减轻了农业生产中的劳动强度，提高了生产效率，标准化生产也带来了质量稳定的农产品。同时，电子商务、仓储物流业技术的发展，使大多数农民享受到了同等便捷的网络购物体验，也缩短了农产品及其加工产品与消费者之间的空间与时间距离。农业农村电子商务成为"互联网＋农业"的重要组成部分，也成为农村产业融合的重要技术支撑。如"农户＋农民合作社＋电子商务"的发展模式，整合了农村仓储物流资源，使农业生产者对接消费者，实现了电子商务带动农民支付，也为农民提供了更多的就业机会。

总之，技术环境为农村产业融合发展提供了良好的条件保障，不仅加快了农产品的流通，也吸引大量人才回乡创业就业，让农民在农业生产中看到了全面小康的希望，在美丽建设中享受美好生活，更能够促进农村产业融合的发展。

六、农村产业融合发展的动因

农村产业融合发展是一个多种因素推动的复杂过程。归纳起来，动因主要包括模块化分工、主体利益驱动、技术与知识创新、市场需求升级、产业组织创新、政策与制度变革等六个方面，如图1-3所示。

◇ 农村产业融合发展的理论研究与实践

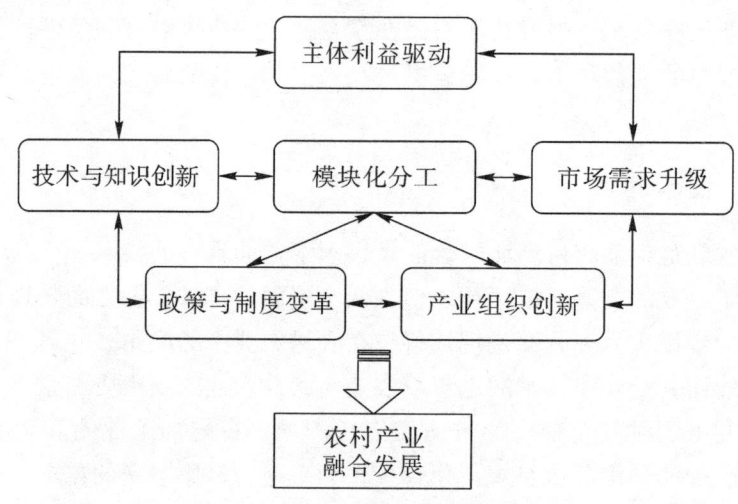

图 1-3　农村产业融合发展的动因

如图 1-3 所示，模块化分工是农村产业融合发展的客观动力，主体利益驱动是农村产业融合发展的内部动力，产业组织创新则是农村产业融合实现的内部支撑力，技术与知识创新是农村产业融合发生的外部推力，市场需求升级则为农村产业融合不断深化提供了外部拉力，政策与制度变革是农村产业融合的外部支撑力。六个方面的动因相互促进，共同推动农村产业融合发展。总之，不管是技术与知识创新还是政策与制度变革或其他因素，任何单独某一方面的因素都不必然导致农村产业融合发展，只有在上述多种动因共同作用、协同反应下才能使农村产业融合不断向前发展。

（一）模块化分工

模块化分工是农村产业融合发展的客观动力，是理解产业融合发展的一个重要概念，并且模块化分工演进对产业和产业链产生巨大的影响。尤其是工业化、信息化、智能化推动下生产模块化网络的形成，推动了产业融合的发展与扩散。一二三产业从内置、分化、独立到重新定向融合受到产业分工演进的驱动。

纵观农业发展历史进程，农业最早从人类的狩猎和采集活动中分离，成为社会生产的主要部门，随后农业之中又相继分离出畜牧业、手工业等，并独立为边界明晰的新产业部门。在蒸汽机、电力等数次技术革命推进之下，制造业部门产业分化加快，机器大生产取代手工劳作成为社会主要生产方式。此时，农业产业分化进入第二阶段，农业通过迂回生产协作，引入农业机械设备，从第二产业进口"分工"经济，形成了低端的农业产业链，间接促进农业产业分工协作深化。这一时期农业机械设备取代传统农业手工劳作工具，落后的小农生产进而转变为机械化农业生产，农业生产效率大幅提高。20世纪后半叶，随着服务产业的蓬勃发展、现代产业体系的逐渐完善以及市场消费层次的逐渐升级，新兴技术日新月异，农业产业链发展进入模块化分工阶段，农业与二三产业的分工协作水平大幅提升。与传统的劳动分工相比，模块化分工促使产业链分工由纵向或横向的线性分工转变为网络分工，产业链生产方式由基于资产专用性的迂回生产方式转变为模块化生产方式，产业链的协调成本降低，产品创新周期大大缩减，对环境的适应能力极大增强。尤其是模块化分工扩大了产业内外的交流与合作，使跨产业经营和技术、业务协同能够更迅速地展开，农业与二三产业的界限与此同时不断模糊。模块化分工包括模块化分解和模块化整合两个方面。模块化分解促进了价值模块的产生与发展，而企业将价值模式独立专业化经营促进了模块的进一步创新，引起现代农业体系纵横分解；而模块化整合使企业将一定价值功能的模块重新组合起来，构成一个新的产业功能系统，进而创造出许多细分领域的个性化需求产品，促进新兴农业产业的产生，形成了一系列创新活力强、融合化的现代农业产业体系。

（二）主体利益驱动

农民和农业经营组织是农村产业发展的主要微观主体。目前，传统农业生产经营方式已经不能适应现代市场经济的发展，因而导致产业出现了增收缓慢、市场竞争力弱、经营风险大等问题。这些微观主体受经济利益驱动，希望通过农村产业融合中的新型利益分配机制（按股分红、按交易额返利等），获得较高、更多元的生产经营利润，并且改变过去产业价值链上利益分配不均、收入来源单一等状况。同时，产业融合后形成的产品通常是一种具有新型特征、功能的新产品与服务，其带来的创新收益构成了产业链乘数效应、范围经济等融合经济性的重要来源，驱动着农业生产经营者开展产业融合活动。

一旦有农民和农业经营组织作为产业融合主体参与经营农村产业融合项目，其他具有相似条件的农民和农业经营组织必然相互模仿与学习，参与产业融合主体的数量将进一步增多。最初的产业融合主体在追求自身利润持续增长的过程中，为进一步获得规模经济，巩固竞争优势，也会出现与其他农民和农业经营组织的相互合作，不断优化农业产业链，从而推动农民在产业链上或产业链间跨产业的多元化联合经营，进一步生产更高附加值的新产品与新服务。

(三) 技术与知识创新

技术与知识创新是农村产业融合发展的外部推力。具体来说，技术与知识要素在农业产业内部以及与其他产业间流动融合可以提高知识、资源等竞争要素的利用效率，实现技术与知识共享，增加产业竞争力。而技术与知识流动带来的创新可以打破不同产业间的知识壁垒，逐步弱化不同产业间的边界，生产出全新的产品和服务。细分来看，农村产业融合的技术与知识创新驱动有两部分内容：科技创新驱动和信息、管理、文化、创意、市场等其他知识要素的创新驱动。

一方面，现阶段的科技创新主要是数字技术和生物技术。这些技术创新的关联性基础技术或替代技术，通过技术扩散、渗透，应用到了农业部门和其他产业部门，推动了农村产业互动融合。

另一方面，文化、管理、创新等知识要素也为农村产业融合注入了新的活力。现代产业经济中，产品都被赋予了越来越多的知识要素，即数据、技术、概念、思想、管理以及经验等，产业要素结构和产业结构普遍呈现出"软化"与"柔性化"特征。可以说，由于知识要素投入占比越来越高，现代农业经济出现了生产要素知识化的趋势。数字信息技术的创新则进一步促使产业之间形成了通用、快捷、高效、共享的知识共享平台，加快了一二三产业之间知识要素的流动速度，农业与服务部门的融合也成为必然发生的经济现象。

(四) 市场需求升级

市场需求升级是产业融合的基础诱因。随着涉农新消费需求不断释放和涌现，农产品（包括加工品以及涉农服务商品）消费结构持续升级，绿色化、特色化、营养化、精加工的农产品市场潜力逐渐凸显，拉动了农村产业融合发展。其中，市场需求升级在以下两个方面表现最为显著。

一方面，现代服务需求比重升高，已成为当前经济活动中消费需求升级的一大趋势。作为中间品的产品和实物消费比例降低，作为最终消费品和服务消费的比例升高，消费者对消费的质量、时间、环境、服务、功能以及其他消费过程都提出了要求，关注于农业生产过程和农村生活环境中的精神满足和劳作体验，更加追求多样化的服务生活和精神生活。诸如农村旅游、文化体验、休憩养老等新型涉农服务产品需求扩张，必然会引起农业生产和发展方式的变化，必然要求企业突破在当前农业产业链中的定位和边界，实现跨产业的合作、融合。

另一方面，消费者更加追求绿色农产品、农产品精细加工品、保健型产品等多功能、方便、快捷的高端消费产品。消费者不再满足单纯的大众化商品消费，而是日益倾向于获得针对某种异质性需求的一整套个性化和定制化的消费解决方案。依据长尾理论，如图1-4所示，新技术与新商业模式的创新涌现，激发了新的消费潜能。尤其在数字经济平台支撑下，数字经济中数据要素由"隐性"转变为"显性"，消费者对涉农产品和服务的小批量、多种类需求被充分放大，这些新增的农产品需求量之和相当于主流农产品的需求量。以电子商务为例，电子商务平台基于对消费者行为数据进行多维信息统计与挖掘，提高供需信息匹配，同时加速传统农业产业链解构、诱导甚至倒逼涉农企业转型升级，进而重塑供需关系与结构。

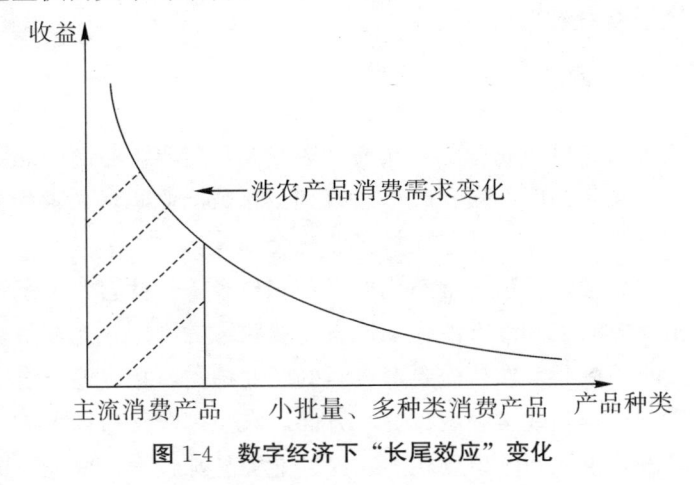

图1-4 数字经济下"长尾效应"变化

（五）产业组织创新

随着现代农业市场结构发生改变，农村微观经济组织间关系不断发生重构，使农户、农业企业、农民合作社的竞争合作关系在变动中不断趋于合理，传统农业产业链的组织结构（包括农户、农业企业、农民合作社等）逐渐从松散的纵向一体化转向紧密、复杂的纵横多向一体化、网络化。这一转变使农业生产经营者充分利用自身资源和外部资源，进而迅速响应市场需求。在农村产业融合过程中，二三产业的企业也会加入涉农市场竞争，原有农业产业主体与非农产业主体的非竞争关系也会转变为竞争关系。新竞争者的进入必然会开辟农业市场新空间，塑造新的市场结构。农业生产经营者通过更大范围的链环整合，进一步提高整体利益和竞争优势。

一方面，企业内部组织方式发生变革。在诸多经济组织形式的变化中，以互联网平台上虚拟企业的出现最具颠覆性。一般来看，工业经济时代的农业企业（包括农民合作社）内部组织结构等级分明、层次繁多，无法适应灵活多变的现代农业发展需求。互联网平台下虚拟企业是产业融合中催生的一类新型的企业组织形态，它以信息化平台为媒介，实现生产要素的动态整合和扁平化的横向管理。相比传统的农业组织形式，其资源整合速度更快，对市场反应能力更强，更有利于产品和服务推陈出新。

另一方面，企业间组织方式发生变革。传统的产业链组织中的各环节企业受制于上下游组织单元和地理空间。但在大数据等数字信息技术的渗透下，组织间高效率信息传输成为可能，传统农业企业打破信息与技术壁垒，解除经济可行性制约，改变企业生产方式与产业链上组织关系和逻辑形态，推动产业链组织形态向复杂网络组织动态演变。

（六）政策与制度变革

二三产业进入农村与农业融合发展，还受到政府政策与制度的影响。政府及时、主动的政策与制度创新和改革，有利于打破产业间多元融合壁垒，甚至激励产业间的渗透、交叉，促进农村产业融合发展。

一方面，产业融合现象的常态化可能对农村经济、社会、生态环境产生较强的冲击，由此影响农村地方治理和地方产业政策的制定。尤其是在农村产业融合发展一段时间以后，农村需要形成新的产业结构，相应地，也需要建构新的农村产业管制机构和政策制度；另一方面，农民是弱势市场主体，农业是弱质产业，产业融合主体间的市场实力、谈判能力悬殊较大，保证农民的利益在市场交换中不受侵犯需要在新的政策和制度安排中得到体现。

此外，农村产业融合也需要城乡要素流动、产业互动、利益空间调整，政策与制度安排需要及时更新、调整。例如，近年来我国农村土地制度不断优化，土地承包权、经营权不断细分落地推进，这些制度调整和创新将加快土地流转，促进生产环节的分工与交易，有利于农业与制造业、服务业的融合，形成新的业态。因此，推动农村产业融合必须有政府创新性的、有原则的、专业化的政策和制度支持和引导。

第二节　农村产业融合发展相关理论

一、产业融合理论

产业融合理论主要是研究不同产业或同一产业不同行业之间因交叉、重组而形成新业态新模式的过程。产业融合的核心是技术进步加速产业间边界弱化，企业为增加效益，通过产业融合来降低交易成本，提高产业竞争力。产业融合是在经济全球化和技术不断创新背景下为提高产业竞争力和企业利润而形成的新型产业组织形式。从生产看，因技术不断创新而开发出了更高水准的生产工艺和产品，通过产业间的扩散渗透到其他产业，进而改变了原有技术路线，为产业融合提供了根本动力。同时，从消费看，技术的不断变革改变了市场需求，放松管制也有力地打破了产业间融合的壁垒，为产业融合提供了更为广阔的空间。

农村产业融合被视作产业融合理论向农业农村领域的迁徙。在工业领域，新技术在不同产业间的应用催生了产业之间的融合发展。同样道理，农村产业融合的源动力也是源于生产技术和管理技术的推陈出新。生产技术创新将工业技术、信息技术应用于农业农村相关产业，组织管理创新引入公司、中介组织等新型主体和文化康养等经营理念。农村产业融合发展过程，会孕育出种养结合、精深加工、农村电子商务、智慧农场、休闲农业及生态旅游等新兴业态，加速推动农业高质量发展、农村美丽和谐建设、农民富裕富足。

二、产业链理论

国内农业产业链概念最早由傅国华提出。他认为农业产业链是指依托市场对资源和农产品进行合理配置，集中土地、劳动力和资金等生产要素，种养业、加工业、运输业、销售业围绕某一具体产品进行"产、加、运、销"的链状产业结构。[1]

---

[1] 傅国华：《运转农产品产业链　提高农业系统效益》，《中国农垦经济》，1996年第11期，第24页。

农业产业链是将传统农业和其他工业部门进行融合的重要联结，它是由与原材料生产有着密切关系的各产业联结成的一个具有网状结构特征的产业链，并且在这个网状结构中涵盖了初级农业生产相关的各个部门，涉及初级农产品生产、初期农业投资服务和科学研究、农业生产的中间阶段、畜牧业和渔业以及农产品的后期加工和储销。农业产业链的延伸则与农产品加工业息息相关，它是以农业经营主体为中心，根据企业发展和市场需求，可分为横向延伸及纵向延伸，形成产业链较为齐全的现代农业产业，实现产业内部协作和循环。其主要目标是提高农产品附加值，促进农产品产业链延伸升级，增加中间环节，提高产业现代化效率，对农产品进行深度加工，提高农业生产效率和农产品质量，增加农产品影响力。

目前，农业产业链的横向延伸主要是对农产品的生产加工环节进行的延伸。这意味着，延伸产业链的每一个环节，就是延伸组织内部的每一个环节。纵向延伸则是指农业产业链上的部分产业群不仅在农业中占据相对固定的信息生态位，还延伸到第二产业和第三产业并占据了一部分信息生态位，被称为外部扩张。农业产业链延伸示意如图1-5所示。

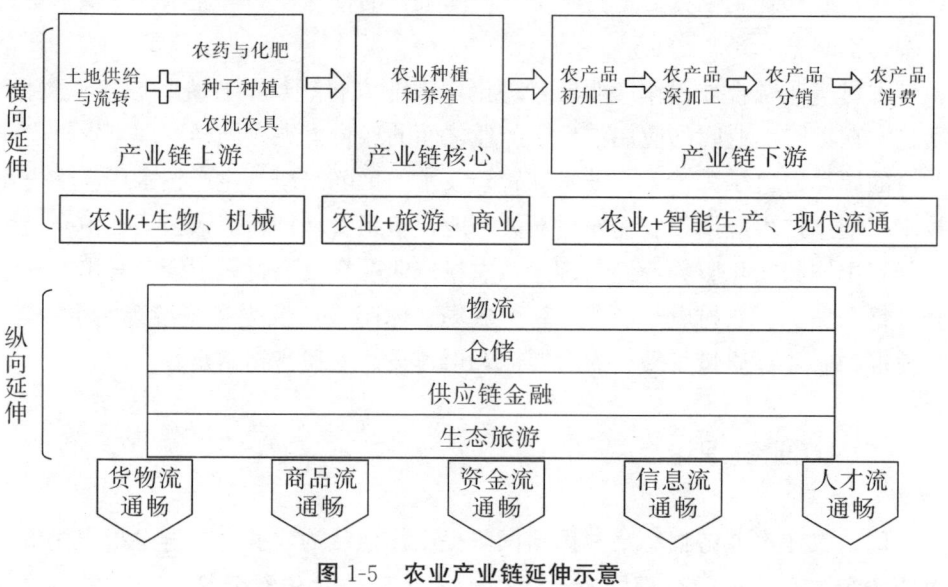

图 1-5 农业产业链延伸示意

三、农业多功能理论

农业多功能的概念最早由日本于20世纪80年代提出，起源于"稻米文化"，并在1999年将农业多功能理论纳入农村基本法，使其成为指导日本农业发展的政策性纲领。农业多功能的概念在1992年里约热内卢地球高峰会议上首次得到认可，之后《21世纪日程》正式采纳农业多功能性的理念。随后，联合国、欧盟、联合国粮农组织都明确指出不能忽视农业的多种功能，并将农业多功能理论作为发展农业的政策性指南。我国2007年的中央一号文件首次提出开发农业多功能性的问题，强调农业的多重功能（生态保护、观光休闲、就业增收和文化传承等功能），要想建设现代农业，就必须注重开发农业的多重功能。

  农业多功能性理论主要是指农业除了包含最基本的经济功能外，还具有食品保障、生态涵养、休闲体验、文化传承等非物质生产性功能。[1] 农业的多重功能之间相互依存、相互联系、相互促进，共同推动农村经济社会的和谐发展。农业多功能性主要体现在以下几个方面：其一是经济和社会功能。农产品本身的价值体现的就是农业的经济功能，这也是最基本的功能；社会功能体现在保障农民收入、增加就业和稳定政治方面，农林渔业产品能够提供最基本的生活保障，其延伸出的服务业在提供就业、增加收入和社会安全方面发挥着重要作用。其二是生态调节功能。农业作为生态环境的重要影响因子，在保护和调节生态环境方面发挥着不可估量的作用。农业生产通过实施科学合理的生产方式、建立绿色的农田和草场的生态系统，可以达到保护土壤、涵养水源、修复草场、调节气候和维持生物多样性的效果，对于农业可持续发展以及农村地区生态环境改善也有着积极的促进作用。其三是文化传承功能和人文精神的教化。农业生产不同的地域特征决定了不同的农耕文化，产生了优秀的民俗文化和农耕精神，成为农业文化中的亮丽瑰宝，也构成了农业的文化传承功能和人文精神的教化功能。

---

[1] 洪贤泰：《湖南省农村一二三产业融合发展路径研究》，中南林业科技大学，2020年。

第二章 农村产业融合发展现状

第一节 农村产业融合发展与影响因素

一、农村产业融合发展概况

(一) 产业融合主体蓬勃发展

农业经营主体是农业产业链中必不可少的环节，是农村产业融合的重要组成部分，大力培育和扶持家庭农场、专业种养大户等高质量新兴农业经营主体，构建不同主体之间的利益联结机制，对于提升农村产业融合水平、实现农业农村现代化具有重要意义。

1. 农民合作社

随着《中华人民共和国农民专业合作社法》的颁布和执行，农民合作社的发展逐渐规范化，呈现出蓬勃向前发展的态势。目前，我国农民合作社数量持续增长，除每年登记数量连续增加外，农民合作社的发展规模、发展质量、经营层次也在逐步提升和拓展。最初的农民合作社可能只是由几家农户组成，规模小，经营范围单一，大部分停留在生产阶段。伴随着农业产业化的推进、农村产业融合的发展，农民合作社规模逐渐扩大，经营范围由生产延伸到生产加工销售等各个阶段，涉及农业产前、产中、产后的所有环节，对于降低农民生产成本、增加农民收入具有重要意义。

2. 龙头企业

农业龙头企业在农业产业化及农村产业融合的过程中是重要的组织者与参

与者，是连接农户与农民合作社的重要纽带，是促进农业现代化发展的重要助推力。为了培育壮大重点龙头企业，国家定期对其进行认定与监测工作。在执行农业产业化重点龙头企业认定与监测工作时，全国农业产业化联席会议按照"两年一监测、两年一认定"的工作安排，制定了详细切实的认定原则，综合考虑了各项指标，包括企业经营业绩、带动农户参与数量等，根据各省龙头企业的销售收入、企业数量、农业产值及脱贫县数量等指标进行权重测算分配，重点关注对脱贫地区做出重要贡献的龙头企业。现阶段，我国重点龙头企业的规模逐渐壮大，数量日益增长，是推进农村产业融合发展的中坚力量。并且，凭借自身经营规模与经济效益，农业产业化国家重点龙头企业上榜了多个企业评比榜单，如"中国茶叶百强""中国面粉（小麦粉）加工50强""中国医药工业百强"等。

随着各级政府对农村产业融合的推广力度不断增大，农村改革进一步深化，从种植生产到加工销售，从单一家庭作业到规模农场经营，从机械设备到物联网技术，我国农村进入了转型升级的关键阶段。在此变革下，作为农村产业融合中的核心组成部分，农业经营主体也迎来了快速发展阶段，呈现多元化的特点。除龙头企业、农民合作社等传统的经营主体规模日益发展壮大外，家庭农场、专业种养大户等新兴农业经营主体也逐渐崭露头角，在各个经营主体之间实现产品对接、服务衔接，对促进节本、增产和增效等发挥了重要作用。

（二）产业融合发展态势

随着农村产业融合模式的多样化、农业经营主体的多元化，我国农村产业融合取得了显著的进步，发展态势良好，具体表现在以下方面。

1. 农产品生产结构逐步优化

农林牧渔总产值一直稳定增长，2022年1—9月全国农林牧渔总产值约为98005.1亿元，同比增长了5.54%，其中农业占比53.00%，林业占比4.07%，畜牧业占比27.25%，渔业占比10.10%；2022年第三季度单季度全国农林牧渔产值为44872.7亿元，反映了我国农业与服务业的融合程度正逐步加深。[1]

---

[1] 智研咨询：《智研热榜：2022年第三季度全国省市农林牧渔业总产值排行榜单TOP31》[EB/OL].[2023—01—05]. https://www.chyxx.com/top/1133736.html? bd_vid=8493538441374583852.

2. 农产品加工业迅速发展

农产品加工业是农村产业融合的重要形式，其发展程度及速度对我国农村产业融合的整体水平具有重要影响。自 2002 年开始，国家相继出台多项文件推动农产品加工业发展。伴随着农村市场经济的发展、农业产业化的推进，居民消费水平提升，科学技术不断创新，农产品加工企业获得了广阔的发展空间，实现了全方位升级，是促进农民增收的有力带动者。

农产品加工业带动了农村经济发展，为农村创造了大量就业岗位。根据中国农科院公布数据可知，近几年全国农产品加工业主营业务收入有了较大突破。在快速发展的过程中，越来越多的农产品加工企业做大做强，持续进行业务创新，研发能力和竞争力迅速提高，这些知名企业带动了农产品加工行业的整体发展，为乡村产业注入新动能。

3. 休闲农业和乡村旅游规模壮大

20 世纪 80 年代，休闲农业与乡村旅游在我国开始逐渐兴起，经过几十年的发展，如今已经成为具有一定规模的农村产业。目前，休闲农业和乡村旅游是农村极具发展潜力的产业。在农村产业融合的开展下，休闲农业及乡村旅游必将在组织方式、经营模式上做出新的变革，为农村产业增添亮色。

4. 农村电子商务市场迅猛发展

农村电子商务是伴随着互联网在农村普及从而出现的一种新兴业态，它的出现为农村经济增长注入了新动力，进一步挖掘了农村剩余经济潜力。农村电子商务的开展为农村经济注入新动能，在互联网加速普及的背景下，农户借助电子商务平台从事农产品贸易，不仅有利于实现传统农业向现代农业的转型升级，同时也可增加农民收入，丰富收入来源渠道。目前，在我国农村电子商务开展较为成熟的地区，农村电子商务已经成为农村经济的支柱性产业，两者融为一体，相辅相成。

二、农村产业融合发展的困境

由于国家的战略布局和高度重视，农村产业融合得到较快发展，也取得了一定的成果，但是发展过程中仍然存在一些不容忽视的问题，这些问题制约着农村产业的融合质量，限制着区域经济发展。只有充分认识到发展中存在的问题，才能及时采取有针对性的措施，扫除农村产业融合中的绊脚石，促进农村产业向着高质量、高效率融合，深化农村体制机制改革，加快农业农村现代化建设。

（一）农村产业融合程度不高

随着农业现代化不断推进，我国农村产业融合取得了一定的成果，但是距高质量、高效率的三产深度融合还有很长的路要走。目前，我国农村产业融合度还处于探索初级阶段，未来还有很长的路要走。

从一二产业融合发展来看，最具代表性的是农副产品加工，但是农副产品加工业仍处于初级加工，并未深度、有效地开展融合，产业链较短，潜力开发不足。这些简单的初级加工虽然可以吸纳一部分农村劳动力，但难以获得可观的收益，对农村区域经济带动有限，即使存在良好的融合产业链，但其中产生的附加值留在第一产业的部分相对来说比较少，大部分附加值流向了二三产业，产业链延伸的效果仍然没有得到充分展现。此外，就农副产品加工业而言，地方龙头企业在全国竞争力弱，企业生产、管理、运用、产业化机制均得不到完善，辐射面积有限，走向品牌化的道路曲折。因此，一二产业融合的程度还需进一步加深。

从一三产业融合发展来看，休闲农业是农村产业融合的重点，发展比较迅速，但是休闲农业在发展中也存在一些问题，必须正视这些问题并加以改进。首先，乡村旅游产品差异化、系列化开发程度不够。由于地域不同，我国不同省（区、市）乡村旅游有所差异，但是同区域内各乡村景点建设雷同严重，缺乏吸引力，乡村各种资源（历史文化、饮食文化等）并未充分开发利用，不注重挖掘自身特色，没有充分利用自身独有的特点进行产业深度融合。其次，乡村旅游产业配套体系不够健全和完善。乡村旅游的道路、指示牌、公共厕所等基础设施有待完善，乡村旅游的引导、解说和咨询做得不到位，导致游客只是走马观花，乡村旅游的体验感差，难以留下良好印象。乡村旅游的住宿、餐饮管理难以保障，大多数是农家乐和农村房屋，条件有限，收费标准不规范，常有宰客情况出现。在当下自媒体如此发达的时代，乡村旅游难以维持，更难塑造良好的景区形象。最后，农村文化旅游的开发程度较低。在物质丰富的现代，精神追求越加被重视，乡村旅游在文化体验、精神享受的切入点下仍处于起步阶段。同时，农村环境舒适，比较适合疗养，休闲农业是养老、康复治疗产业的重要载体，农村也将与健康产业紧密结合在一起，但这些功能目前还未被广泛有效地开发。因此，休闲农业的潜力仍未被充分挖掘，一三产业融合需要进一步开发。

（二）农村产业融合利益联结不紧密

利益联结机制是农村产业融合稳定发展的关键，不管企业还是农民、农业主体，参与三产融合的最终目的都是获得利益，只有建立可靠、紧密的利益联结关系，让各方都能中获得回报，才能保证农村产业融合实施顺利开展，实现农村三产融合的长远发展。但是就目前农村产业融合现状，利益联结机制存在一定问题，关联不够稳固，违约成本较低，这会影响到产业融合的发展，限制融合的深度。

第一，利益联结以松散的买卖合同为主。这个问题在农民（农民合作社）和加工企业的利益联结上表现得尤为明显，农业主体与企业之间的利益联结方式主要表现为订单农业，企业为了避免农产品的价格波动和供给问题带来的负面影响，会与农业主体签订农产品收购合同，引导农民按标准生产原材料，保证原材料供给的数量和质量。订单农业为农民带来的收益有限，产业处于最低级的融合状态，而且这种利益联结方式是脆弱的，当市场出现价格剧烈变化时，违约风险随之增加。如果市场价格上升，农民往往会违约出售获取更好收益；如果市场价格降低，企业往往会打压价格，降低企业成本。这些短期行为导致双方缺乏信任，增加交易成本，影响双方的深度融合。

第二，利益共同体合作式的利益联结方式较少。农村产业产融合可以采用股份合作制、股份制等需要风险同担、收益共享的利益联结方式，将利益捆绑在一起，实现企业与农业主体共进退，使利益联结更为紧密。但是，利益共同体的利益联结方式在实际中是很少见的，主要是因为农民（农民合作社）与企业双方对于捆绑式合作的意愿较低。第一，农业主体方面。一是由于农民风险承担能力一般比较低，出于风险的考虑往往会选择签订农产品收购合同而不是参股；二是农民（农民合作社）的法律知识、相关政策、管理理念等知之甚少，农业主体参与企业经营管理的权利往往比重很小，掌握的信息片面，使众多农业主体更加倾向于选择订单农业。第二，企业方面。农民对企业分红、股利的意愿和企业财务管理目标相背离，无法按照农民的意愿进行分配，会影响企业的正常运行，企业也无意于农业主体参股。最终农民（农民合作社）把企业作为销售的对象，企业把农民（农民合作社）当作材料的供应商，很难进行有效的利益联结。

第三，利益联结中农民（农民合作社）是处于弱势的群体。农业主体和企业合作获取的收益大部分流向企业。在农村三产融合进程中，产业链的延伸确实在不断推进，但是产业链延伸带来的增值收益只有很少一部分流入农民手中，农民还是在进行基础性的农产品种植、出售。甚至在部分地方，乡镇干部为了实现政府面子工程，更多考虑的是企业的盈利而不是农民，这种结合是低级的、畸形的产业融合，无法长久发展下去。利益联结机制是农村产业融合的关键所在，要想实现农村三产融合的发展，必须攻破难关，构建稳固紧密的利益联结机制。

（三）农村产业融合基础条件相对欠缺

农村产业融合发展需要一定的基础条件，但是农村的基础条件相对落后，需要不断地完善。

第一，国家政策落地不到位。国家高度重视产业融合发展，并推出很多扶持政策，只有少数有想法、实力强的农民合作社努力争取，获得支持。相当数量的农民（农民合作社）并不了解政策，甚至一无所知，更不会主动争取，农民的积极性无法调动，参与度弱，阻碍着农村产业融合在基层的全面推广和快速发展，这在大部分地区是广泛存在的问题。

第二，农村基础设施建设落后。农村产业融合的发展需要相应的基础配套设施，生活环境、交通建设、物流运输等都影响着产业融合。农村生活所需，如供水、供电问题基本解决，但是农村供气、供暖依然没有得到较为广泛的建设，生活条件差。农村医疗条件差，大部分乡村诊所的医生职业能力有限，且年龄大，诊断判断力在逐渐下降。这都导致年轻的人才逐渐流失，不愿意在农村发展，新鲜事物的推广难度大，限制农村产业融合发展。交通建设落后，农村道路普遍较为窄小，难以满足重型、大型货车的通行要求，这限制了物流运输的发展。物流是农产品走向市场的最后一步，发达的交通物流可以促进农产品流向市场，农村的发展需要打通物流通道，使农产品高效、快速地流向市场，抢占先机，农村的交通建设难以支撑产业融合的发展；公共服务设施寿命短，很多地方虽然建设了公共活动设施，但是没有相应的维护管理，设施损坏、老化，无人问津，导致修建的设施得不到有效的利用。

第三，农村产业融合缺少各行各业全面的支持。农村产业融合对于农民来说是个新鲜事物，还处于发展时期，需要全面的支持与理解。在实际推行的过程中，农村产业融合涉及加工业、旅游业、餐饮业、医疗服务业、金融业、电子商务等多个领域，需要公安局、交通局、财政局、工商局、卫生局、旅游局、住建局、环卫局、食品药品监督管理局、宣传部等相关部门全面的支持。职能部门的效率和力度，都会影响产业发展的步伐，单单是烦琐的手续就会使许多农业主体望而却步。以上是农村本身的短板,短时间无法弥补,需要消耗大量的时间、人力和物力去改变这一客观事实。

(四) 农业多功能性未得到较好开发

农业多功能开发是农村产业融合的重要手段。目前,农村产业融合的常见形式还是以农副产品加工、乡村旅游为主,但是这种产业融合还处于初级阶段,应该将工作重点放在农业经济、文化、生态、科技等方面的功能开发上,升级打造产业融合2.0,充分发挥带动力强、辐射面广的重要作用。因受到传统思维的限制,大众对于农业的印象比较刻板,片面地认为农业约等于种植,忽略了农业的多功能开发,无形中为推进农村三产融合增加成本。农民和农村干部对农业的认识还需进一步加深,如果仅仅停留在固有思维上,农村三产融合将会面临发展缓慢、停滞不前的问题。目前,中国农村还出现了一种状况:干部与农民都有意识参与到农村产业融合当中来,但是取得的效果却始终不尽如人意,因为许多地方把重心放在种植结构的调整上,避开原本生产的农作物,转换其他本地少有但很普通的作物,这种将其他地区作物搬到本地种植的机械行为收益很小,损失掉本地特色农产品、高品质农产品、大品牌农产品、创意农产品等的开发,缺乏特色鲜明的农产品做支撑,便很难从实质上改变当地农业现状,更难以真正践行农村产业融合的要求。此外,农业的文化、教育并未被充分展现出来。许多在城市里长大的孩子或许无法真正了解粮食种植生产的过程,甚至五谷不分,更无法真正领悟"粒粒皆辛苦"的内涵。体验式农业能够满足现代教育的需要,让人们有机会感受农民的辛苦,体验农业的特色。许多有丰厚历史底蕴地区的农业没有充分利用自己的优势和特点。农业种植作物的由来、发展、演变的历史文化深厚,但无人挖掘、宣传力度不够导致优秀的历史文化没有产生应有的感染力和吸引力。农业具有多重属性、多种功能,只有充分挖掘、开发出来,才能更好地激活农业,全力推进农村产业融合。

三、农村产业融合发展的影响因素

通过调研了解农村产业融合的进展和问题,发现农村产业融合的发展除了需要内在动力,还需要客观环境的助力,才能有效进行农村产业全方面多层次融合。

(一) 农村产业融合发展的有利因素

我国农村产业融合发展多年并取得一定成绩，得益于国家高度重视、经济发展、科技进步、资源丰富等众多因素。农村产业融合发展要充分挖掘内在潜力，充分发挥外在有利条件，运用好来自政治、经济、文化、社会等的有力支持，促进农业、农村发展，实现农民增收。

1. 政策支持

党和国家高度持续关注农村产业融合推进情况。习近平总书记在党的十九大报告中指出，要促进农村产业融合发展，支持和鼓励农民就业创业，拓宽增收渠道。农村产业融合是乡村农业发展的重要内容，中央出台了一系列促进农业农村发展的政策举措。2018年中央一号文件《中共中央 国务院关于实施乡村振兴战略的意见》指出，要建立农村产业融合发展体系，挖掘农业多功能性，拓展产业链产生更多价值，深度发展农村电子商务和休闲农业，促进农民增收。2019年中央一号文件《中共中央 国务院关于坚持农业农村优先发展做好"三农"工作的若干意见》指出，要进一步发展农村特色产业、现代农产品加工业、农村新型服务业、数字乡村战略，拓宽农民增收渠道，促进农民增收和农村产业兴旺。2020年中央一号文件《中共中央 国务院关于抓好"三农"领域重点工作确保如期实现全面小康的意见》指出，要发展乡村富民产业，支持各地区依托自身特色创建特色农业全产业链，发展出具有实力和影响力的产业集群，促进农村三产融合发展。2021年中央一号文件《中共中央 国务院关于全面推进乡村振兴加快农业农村现代化的意见》指出，要构建现代乡村产业体系，充分利用农村自身特色优势资源，构建现代农业全产业链，并将其留在农村，使农民得到拓展产业链产生的增值收益，实施"万企兴万村"活动，着力培育农业龙头企业，促进农民增收。由此可见，党中央高度重视农业农村发展，出台了一系列惠及农业、农村和农民的政策，良好的政策环境有利于促进农村产业深度融合发展。

2. 经济支撑[①]

中国农村产业融合拥有经济方面的强力支撑，体现在以下几个方面。
第一，粮食安全为农村产业融合的发展提供了保障。粮食安全一直受到党

---

① 张飞腾：《农村产业融合发展与风险管理研究》，中国财政经济出版社，2022年，第28页。

和国家的高度重视。从 2016 年至 2020 年，粮食年年大丰收，目前中国的粮食安全是有保障的。曾经中国的粮食供求问题是结构性相对过剩，但是近年来中国粮食供求关系面临着结构性偏紧的变化，2021 年发布的中央一号文件强调必须保障粮食安全，继续深化农业供给侧结构性改革，严守 18 亿亩耕地红线，加强农产品供给保障能力。粮食供给保障能力的提升为农村产业发展提供了基础，只有把最基本的粮食问题解决了，才能在此基础上拓展农业的多功能性，延伸农业产业链，发展农产品加工业、服务业、休闲农业，促进农村产业兴旺。

第二，农村三产融合新模式的迅速发展激发出农业新活力。一些地区依托自身特色资源优势打造出了地方农产品加工产业园，创建农村三产融合示范区，形成集群发展，为农业发展做出了重要贡献。这种集群发展的模式，不仅能够更好地推动地方特色农产品的发展，还能够促进农村产业融合的深度发展。互联网的不断普及使农村电子商务快速发展，为农产品的出售提供了新渠道，也为农民增收拓宽了新渠道，同时为农村三产融合做出了重要贡献。

第三，农村产业融合的推进促进了休闲农业的快速发展，休闲农业的发展也为农村三产融合提供了支持，两者相辅相成。许多地方利用自身独有资源和特有优势，发展出了特色鲜明的休闲农业，优美的自然环境促进了观光农业的发展，各项配套设施的健全为旅游业提供了保障，娱乐设施的引进为农村发展注入活力，独具特色的农活为农村体验式服务创造了条件，健康舒适的宜居环境为康养产业奠定了基础。各具特色的地方优势为农村三产融合提供了有利的发展条件。

第四，农村产业融合主体逐渐壮大。随着农业现代化建设的逐步推进，我国农业经营主体不断壮大。经营主体的壮大是农村三产融合发展的结果，同时它反过来也对农村三产融合起到了带动作用。

3. 文化支撑

中华农耕文化是优秀传统的积淀，蕴含着历史、知识、经验和智慧，独具特色的文化更是地方的灵魂，也是地方人民的精神支撑和内心信仰。我国地域辽阔，资源丰富，民族众多，催生出了特色鲜明、多种多样的优秀文化，为农村产业融合发展创造了得天独厚的条件。将农村文化注入产业融合中，能够赋予各地农村三产融合独有的地域文化特色，促进农业与服务业有机融合，发展出的休闲农业与旅游农业能够更好地满足现代人对于精神文化的追求，为农业发展带来新的切入点。对农村文化的关注不仅能够保护和弘扬这些优秀的文化资源，还能调动农民参与农业与文化融合发展的积极性，打造出具有影响力和地域特色的地方文化形象和特色产品品牌。农村文化包含的内容非常广泛，自然环境其实也属于文化的一部分，例如山川河海、瀑布峡谷，各个地区的自然环境是不同的，造就的自然文化也是多样的；民风民俗的不同更是各地文化差异的重要表现，一方水土养一方人，不同的风土人情、房屋建筑、服饰饰品、饮食习惯、手工艺品会成为这一地区的独有优势；很多地区正在为农村建设各种人工景观，积极打造乡村旅游"网红村"，例如桥梁建筑、海草房、涂鸦墙、花海公园、童话小镇，乡村环境的人为改善，不仅为农村三产融合注入活力，也温暖了农村留守儿童和老人，让冷清的村庄变成充满活力的"童话小镇"；特色餐饮、服饰、手工艺品也是农村产业融合发展的重要项目，独特的风味小吃是农村发展旅游产业、吸引游客必不可少的条件，具有民族特色的服饰会为农村旅游业增添更多的亮点，纪念品和手工艺品的发展可以转化为农村文化产业。众多的农村文化资源为农村产业融合发展创造了有利条件。目前我国已经拥有众多的历史文化名村、非物质文化遗产、风景名胜区、自然公园等，我国的历史文化底蕴深厚，这些都是乡村发展产业融合可以积极挖掘的优势资源。

4. 社会支撑

农村社会条件也是农村产业融合发展的关键因素，深刻影响着农村产业融合发展的效果和进程。随着经济的不断发展和人民总体素质的不断提升，农村群众的思想理念和行为表现都在发生着积极的变化，这种变化也会影响到农村三产融合的发展。首先，国家对教育的重视使农村群众的知识水平和综合素质得到提高，农民群众相较于从前更乐于接受和学习新知识、新思想、新政策、新事物，更愿意去尝试参与新的组织活动，这有利于提高人们对农村产业融合的参与度，为农村产业融合的快速发展创造有利条件。其次，农村是熟人社会，每个人对身边人有较明显的影响，农民也更倾向于跟随他人的想法和行为，这种现象会降低农村产业融合的成本。由于农村更具有从众心理，只要找到合适的领头人牵头参与产业融合并获取一定的收益，就有利于调动农民的参与积极性，大大降低阻力，带动当地的产业融合大力开展。尤其是本村有代表性的人物，他们对村民的带动作用更大。再次，国家注重农村发展，提供良好政策支持和环境建设，引导和支持大学生投入农村建设中去，他们往往眼界和思维更加开阔，为农村三产融合注入新鲜血液，激发农业农村的发展活力。最后，中国城镇化进程在不断推进，越来越多的农民工进入城市，接受较为先进的思想，接触到新的事物，投身于二三产业当中，这些农民工返回农村后对农村三产融合起到积极的促进作用。这就为农村三产融合奠定了人才基础和群众基础。由此可见，农村的社会条件为农村三产融合提供了一定的支持作用。

5. 技术支撑

农村产业融合发展离不开技术的创新、渗透、融合。科技发展为一二三产业间的融合搭建了桥梁，是三产融合的基础和重要内容。唯有不断突破技术的壁垒，才能为产业融合探索出新的发展途径。

第一，科技进步为培育高品质、多样化的农产品提供了保证。农业的基本功能是为人们提供食物和其他用途的植物，但是随着生活水平的不断提高，人们对食物的品质要求也变得更高，营养、安全是最为重要的，口味、特色、新颖也是人们正在追求的，这就离不开技术的支撑，没有技术创新，就无法满足人们的更高要求。此外，人们对观赏性植物的品种、花色、形态等也提出了更高要求，仍需要以技术作为支撑，进行新品种的培育，开发出多样化的形态和花色满足需求。科技的进步推动了农产品创新，人们需求的不断提高也督促科技的创新。如今，人们对食品的要求也不仅局限于口感，还要求有保健的作用，这就出现了功能性农产品。功能性农产品的功能定位表现为提高免疫力、促进新陈代谢、预防疾病、美容护肤等众多作用，科学技术的发展使这些需求变成了可能，也为这些功能的发挥提供了保障。从各地区实践中看，中国科技已具备一定的水平，可以为农村三产融合发展提供坚实的发展基础。

第二，科技进步为发展农村三产融合新业态提供了基础。农业科学技术的进步推动技术与农业的融合，拓展对农业功能的认知，带动农业与二三产业高效融合。二三产业的科技发展水平相对来说比较高，农业科技水平需要得到提高，以更好地与二三产业融合。互联网的普及为农村带来电子商务，扩大农产品销售；信息技术的提高为农村带来智慧农业，农业生产全过程得到监控，可以做到追溯生产全过程；生物科技为农业带来优质农作物，培育出具有高产、抗病、抗寒等功能的农作物，能够大大提高农作物的产量和质量。随着国家对农业发展的重视，农业的多功能性逐渐得到发掘，为农村三产融合新模式的出现奠定了基础，科学技术的进步也为三产融合新模式和多功能农业的发展提供了支撑。农产品加工业的发展，延伸产业链，创造更多的增值；设施农业的发展更要依托科学技术，将农业推向标准化和智慧化；科学利用本地农业资源，发展地方特色农业；充分利用农业废弃资源，实现农业资源内部的有效利用，发展循环农业。

第三，科技进步为农村产业融合提供便捷渠道。信息技术的发展使获取信息变得更加容易,信息量提升,使游客能够更加便捷地掌握旅游信息,促进农村旅游业的发展;数字景区的建设在引导解说环节解放人力,推动乡村旅游的发展;互联网技术的发展为农村产业的结构调整和产业融合提供了政策解读和分析;电子商务的发展拓宽了农产品营销的渠道,使产业融合带来的新产品得到更好的推广和销售;交通技术的进步为农村三产融合提供了有利条件,公交、客车逐渐通入乡下,使农民出行更加方便,同时加强了城乡交流;互联网的普及为农村电子商务的发展奠定了基础,大大提高了农村的开放程度和信息量的输入。科学技术的发展为农村提供了便捷的信息获取渠道,为农村拓展了新颖有效的销售渠道,促进了农村与城市的交流,也为农村三产融合的发展提供了有力的支撑。

6. 资源环境支撑

中国幅员辽阔,资源丰富,尤其是农村蕴含着丰厚的土地资源和生物资源,为农村三产融合提供了基础的资源环境支撑。农业生产与自然环境息息相关,不同的自然条件造就了不同的农业产物,也形成了不同的生产模式,同时也会使不同地区农村产业融合产生差异性和多样性,各地可以因地制宜地发展产业融合,促进农林牧渔互相融合,提高农业生产效率,实现农业内部产业融合,因此各地区不同的水土资源、自然气候能够为农村三产融合提供资源环境支持。依赖不同自然资源产生的多样化农产品为农产品加工业的发展提供了支持,农产品加工业的发展离不开特色农产品的培育,农产品的培育又依赖于当地特殊的自然环境,因此自然资源为农村产业融合提供了原料基础,同时特色农产品的产生又有利于提高地区知名度,促进农村旅游业和农村电子商务的发展,带动农村购物浪潮。中国农村蕴藏着丰富的生物资源,这些生物资源能够产生经济价值,将其好好利用可以为农村三产融合带来发展契机。如畜禽资源,畜牧业养殖获取鱼奶肉蛋等畜产品;药用植物资源,能够进行大规模生产、加工,也可以促进农业与休闲业、康养产业融合发展;特色农产品,有利于开拓地区发展商机,促进农产品加工业的发展;微生物资源,有利于发展出新兴产业,拓宽农村三产融合发展渠道。

(二)农村产业融合发展的不利因素

认识中国农村产业融合的现状及存在的问题后,就要找出影响发展的不利因素,诊断出问题的关键之处,只有这样,才能对症下药,制定有效的解决方案,发现不利因素并将其铲除,促进农村产业融合发展。图 2-1 为影响农村产业融合发展的不利因素。

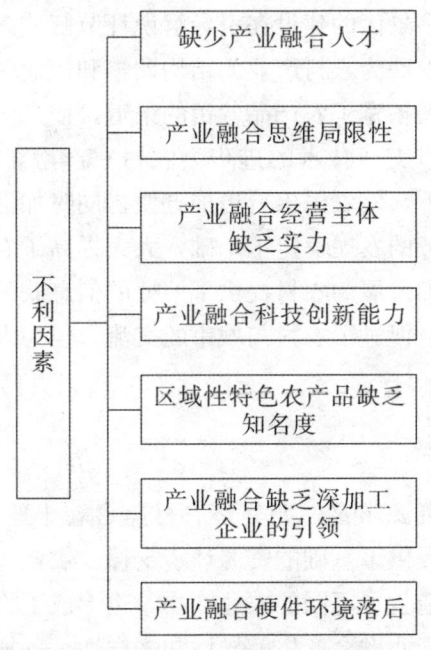

```
                    ┌─ 缺少产业融合人才
                    │
                    ├─ 产业融合思维局限性
                    │
                    ├─ 产业融合经营主体缺乏实力
                    │
        不利因素 ───┼─ 产业融合科技创新能力
                    │
                    ├─ 区域性特色农产品缺乏知名度
                    │
                    ├─ 产业融合缺乏深加工企业的引领
                    │
                    └─ 产业融合硬件环境落后
```

图 2-1　影响农村产业融合发展的不利因素

1. 缺少产业融合人才

农业产业融合的发展需要人才的加持，现阶段，中国农村产业融合发展中的人才匮乏问题十分突出。

第一，农村产业融合的专业人才数量较少。农村产业融合发展仍处于探索阶段，大部分农村地区惯有的生产方式和技术水平往往适用于一产业农耕，无法适应产业融合的需要。而在产业融合推进过程中，如何将农业和二三产业完美融合，如何开发农业的多功能性，如何充分挖掘开发休闲旅游、养老医疗、文化传承等新业态，都是亟须解决的问题，单单依靠文化水平普遍较低的农民是不合适的，农民对于产业融合的认识程度、深度十分有限，而且专业技能水平相对落后，无法高效推进产业融合的开展。

第二，农村产业融合的专业人才质量较差。中国农村人口变得妇女化、高龄化，青壮年一般会外出打工，留在农村的基本上是妇女、年纪大的老人，还有年幼的儿童。近年虽然有许多农民工返乡，也有一部分人才被引入农村，但是人才的质量与数量仍然难以达到农村产业融合的要求，仍然不足以支撑起发展的需要。同时我们也可以看出，农民工返乡进行创新创业也有发生，但是曾经外出务工的农民掌握的技能集中于建筑、制造业等劳动密集型产业，对农村产业融合的帮助作用有限，而且返乡创业的目的大多在于家庭需要，而非受到农村三产融合的吸引。

第三，农村产业融合的人才培训效果差。部分地区为推进产业融合开展专业化的培训，但是中国产业融合还在探索阶段，对不少地区来说都是新鲜事物，并没有成熟的培养体系，培训内容有很大的随机性和不可复制性，缺乏有针对性的培训，甚至有些培训是知识面子工程，毫无实质性的内容。

第四，农村产业融合中缺少带动群众力量的领导人才。农村最基层的领导干部往往是本村的村民，这既是推动发展的优势，也可能是阻碍发展的劣势。优势在于村民之间的信任度比较高，更容易带动和凝聚群众力量，便于开展工作；劣势在于领导人自身文化程度较低，接受新事物的能力和速度有限，对新事物的认识可能会比较片面，层层传达的中央精神，可能早就变了样子，加上如果领导干部缺乏知识和经验，必然会导致下属和群众的落后，致使村子发展缓慢。

目前农村产业融合迫切需要人才的引入，人才是保证农业高水平发展的关键所在，是推动产业融合的重要力量。缺乏专业的高水平人才和专业的劳动技能人才是农村三产融合发展中面临的重要问题。

2. 产业融合思维局限性

第一，农民坚守传统农业方式，难以突破农耕的思维禁锢。农村的信息流通相对而言是闭塞的，农民的认知水平是相对有限的，这就会造成人们更加倾向于保守的传统农业生产，认识新事物、接纳新事物的速度较慢，难以接受并加入农村产业融合的事业中来，农业的多功能也难以得到充分挖掘，进而导致农村普遍难就业、收入低，无法增加创业空间，难以创造出极大的经济利益和社会效益。在产业融合实践中发现农村往往沿用传统的农业功能，而忽视身边触手可及的农业延伸功能，导致这些具有利用价值的农业功能得不到展现，无法显著有效地改善农民的收入状况。与城市居民相比，一些农民缺乏契约精神，只追求短期利润，不考虑违约成本，法律意识较为浅薄，这就容易导致失信行为频频出现，从而导致产业融合的利益关联方缺乏信任，无法构建长期稳定的合作关系，从长期来看会增加交易成本和信任成本，严重阻碍产业融合的深度，失信行为成为制约农村产业融合的重要因素。中国大部分农村仍在不断探索和发展三产融合，很多地方已取得了一定的成效，但仍有许多农村地区成效未显，大部分农民没感受到产业融合带来的益处，也没有深刻体会到产业融合带来的积极变化，因此内心没有产生参与其中的想法，缺少参与的动力和积极性。此外，农民即使参与产业融合中，但是农民往往处于较低层次从事简单的劳动性工作，难以进入中高层对产业融合活动进行决策，而边缘化的工作较多，没有显著提高农民的成就感，难以使农民提高积极性参与农村产业融合。

第二，基层政府对产业融合战略地位和重要作用认识不足。国家有关职能部门在农村产业融合战略发展过程中，积极主动出台了不少较为具体的普惠政策，但是这些政策只是试点引导式政策，不能适用和惠及所有地区，需要县、乡两级政府主动发力，针对本地区的具体实际，出台一些具有实际可操作性的政策。但是，在实践中发现，很多基层政府对产业融合的认识不足，甚至有些县、乡地区财力有限，无法进行"真金白银"的支持，这也影响了产业融合的推进。同时，产业融合涉及的范围比较广，一二三产业相互融合发展，在办理业务时会牵扯到许多机关部门，这就需要各部门之间连动起来，各司其职而又相互联系，综合要求比较高。因此，在现实当中，还会出现各部门相互独立、综合性较低、办事效率低下、互相推卸责任的问题，许多部门只顾自身利益，维护自己的规章制度，而忽视产业融合的发展需要，无法特事特办，阻碍农村产业融合的发展脚步。在产业融合中，要明确部门工作，将责任明确划分，并统筹各部门工作，提高各部门协调办事的能力。中国一直重视农业农村发展，但发展之路需要逐步探索出来，面临的问题也会层出不穷，产业融合制度需要在探索中慢慢完善。

3. 产业融合经营主体缺乏实力

农村产业融合的推进需要一批经济实力较强的融合企业。想要打破产业之间的界限，促进各产业深度融合，必然需要经营主体的引领，只有新型农村经营主体才能有效带动农业、农村发展。中国农村产业融合发展处在探索阶段，部分农村地区已实现良好起步，产业融合发展正步入正轨，但仍有许多地区处于初级起步阶段，甚至没有开展产业融合的意向，其主要原因是该地区缺乏经济实力较强的经营主体，企业规模小，业务不成熟，无法带动融合发展、开展产业融合。家庭农场以及种养大户主要依靠家庭劳作，从事种植业或者养殖业，人力规模和生产规模都比较小，生产方式也不复杂，掌握的技术也是一些初级的、简单的技术，经营管理水平也比较低，因此其参与产业融合的能力较低，起到的作用比较小，难以有力带动农村产业融合发展。

近年来，农民合作社的数量逐渐增加。农民合作社是连接农民与企业的桥梁,也是连接农业与二三产业的桥梁,在农村三产融合发展中能够起到十分重要的作用。但是农民合作社的运转模式比较单一,经营管理水平十分有限,生产方式也较为单一,主要以种植为主,其衔接作用并没有真正发挥出来。农民合作社想要做好连接的桥梁,就不应该仅仅局限于种植农作物等初级农业活动,应该做好生产、加工和销售的全方位服务,将农业与农产品加工业、服务业紧密连接起来。此外,农民合作社还应发挥出其基本作用,进行信息传播、技术推广、技能培训、市场判断等。但是目前许多农民合作社的基本作用和桥梁连接作用都没有发挥出来,还有一些农民合作社的管理水平低下,导致其处于不规范状态之中。龙头企业在不断壮大,但是龙头企业的带动力没有显著表现出来。造成这一状况的主要原因是大多数龙头企业是以盈利为目的,并没有将重心放在产业融合上;大多数企业没有与农民建立密切合作的意愿,只是把农民当作原料的供给者,或者把农民当作初级劳动力,导致内在动力匮乏,龙头企业在农村产业融合发展中并没有发挥出强大的带动作用。

4. 产业融合缺乏科技创新能力

科技进步推进农村产业融合。科技发展使农业的生产方式、产品品质、产业形态、销售渠道都发生了变化,发展离不开科技创新,农村三产融合也离不开科技的支撑和创新的推动。但是中国大部分农村地区的科技创新能力不足,劳动生产方式仍然比较落后。例如农产品加工业,许多农村地区的农产品加工业一般都是进行简单的初级加工,如小作坊式的榨油等,缺少深加工和精加工,生产加工技术有待提高,产业融合更无从谈起。科技创新能力不足带来的结果就是技术落后,产业壁垒难以被打破。此外,国家科研院所的研究专利技术真正应用到现实中的数量较少,科研成果难以转化为普遍应用的技术,这一现象在农业中表现得更为明显。许多科研人员虽然具有高超的研发能力,但是缺乏农村实践经验,仅靠理论支撑的科研成果无法真正应用到现实中去。因此,科技创新能力不足以成为阻碍农村三产融合发展的重要因素。

5. 区域性特色农产品缺乏知名度

塑造品牌可以强化产业融合中利益联结稳定性,推进产业融合发展。在农村产业融合中不能忽视特色农产品品牌带来的巨大作用,品牌不仅能够促进农产品加工业的发展,还能提高地区知名度,促进旅游业和休闲业的发展。然而,农产品品牌的打造不仅需要市场的推动,也需要政府的大力扶持,品牌的塑造也不是一蹴而就的,需要各方力量长期的支持。因此,农产品品牌的塑造耗费的时间较长，具有一定的难度。目前，中国各地区的特色农产品数量具有一定规模，但是知名度高、影响力大的农产品品牌却比较少，这就使得在农村产业融合发展中缺少了一份重要推力。农民对品牌的认识往往比较浅，有些人认为申请到绿色产品标志就代表着品牌塑造，其实这与真正的品牌塑造还相差甚远，消费者对一个品牌的认识往往是因为其宣传力度和口碑好评的感染以及产品的品质，仅仅拥有一些标志是难以获得影响力和知名度的。许多企业虽然会加工特色农产品，但其更注重自身企业的利益，而非着重培育新的农产品品牌进行推广。因此，特色农产品难以形成品牌进入大众视野，导致产业融合产品的市场竞争力不强，农村产业融合推广效果不佳。

6. 产业融合缺乏深加工企业的引领

农业和加工业的融合是农村产业融合的突出表现方式。农产品加工业作为一二产业融合的关键，在农村产业融合中占据重要地位。决定农产品加工业发展的关键因素有很多，其中最为重要的因素是加工水平，加工水平关系到产品的数量、质量，关系到加工行业的发展前景，也牵动着农村产业融合发展的状况。中国农产品加工业面临的普遍问题就是许多企业处于初级加工阶段，精加工、深加工的企业数量较少。初级加工行业壁垒低、进入成本低、简单易操作，导致加工企业数量多，雷同产品大量涌现，产生恶性竞争，产能过剩等现象随之出现。想要突破这一困境，就需要将初级加工升级为精深加工，想要解决精深加工短缺问题，还需要从加工水平上下功夫，将重点从大宗农产品加工转移到特色农产品加工上，重视特色农产品开发，着力提升特色农产品加工水平，研发专业的加工设备，打造优势产品，摆脱恶性竞争的困境。同时，许多偏远农村地区拥有得天独厚的自然环境，蕴藏着独具特色的农作物和珍稀植物，但是这些资源往往没有得到开发，缺少开发融合企业的入驻、专业的加工设备、深度开发和市场推广，导致农村产业融合发展难以实施推进。中国农产品加工企业的加工水平仍然制约着企业的发展，削弱企业的产业融合带动力，也制约着农村三产融合发展的进度。

7. 产业融合硬件环境落后

中国农村地区的基础设施普遍较为落后，限制了农村产业融合的发展。农村的衣食住行、医疗保健、子女教育、创业环境等相对落后，无法提供便利的条件开展产业融合。一些农村地区交通网、水电网建设得比较混乱，没有科学的规划，造成交通不便利、电线杂乱、重复建设等现象；许多地方还存在着道路质量差、水利和网络设施落后等问题，供水、供电存在常常中断的现象，大部分农村地区也没有供气；乡村医疗卫生条件普遍落后，垃圾处理能力也比较落后；乡村的创业环境差，基层政府政策执行力度、职能部门办手续相对滞后；水利设施的落后会影响农作物的生产，也会制约一些地区农作物种植面积的扩大；农村人口流失问题严重，大部分有能力的年轻人都选择了离开农村去务工，引进人才更是难上加难。农村人口流失也制约着基础设施的建设，如果大力进行基础设施建设，但是人口较少会使设施利用率低，造成资源浪费现象。农村的基础设施建设面临成本高、困难大、阻碍多等错综复杂的问题，都在阻碍着农村三产融合的发展。

第二节 农村产业融合发展水平

中国农村产业融合的内容和形式在不断完善和创新，产业在新的技术水平支持下形成了新的业态，例如，订单农业、"互联网+农业"，新业态的出现给农民收入也会带来影响。本节在此基础上首先测算农村产业融合发展水平，接下来分析农村产业融合发展现状。

一、农村产业融合发展水平的概念

农村产业融合发展水平主要指农村产业融合发展的程度和产业融合所处的阶段。对于农村产业融合发展水平，可以从不同的角度加以判断。从农业产业发展的深度看，可以考察主要农产品构建的加工产业链条是否通过技术创新等手段具有精深加工能力，在农产品生产过程中能否获得高附加值产品。一般意义上来说加工程度越深，获得的价值增值越大，融合水平就越高。从农业产业发展的广度看，可以考察农业的多功能拓展程度，农业与旅游、教育、文化、电子商务等的相互交叉渗透情况，新产业、新业态的发展状态等，农业的功能利用越全面深入，融合的水平越高。从融合不同主体间的利益联结程度上看，可以根据利益主体之间的合作方式进行考察，如订单、股份合作、产业协作等方面，如农民是否深入参与产业融合过程，能否获得股份收益和利润返还。若能够体现风险共担、利益共享，可以说融合水平较高。若融合推进主体仅仅为农民提供农业生产经营服务，这种利益联结程度就比较松散，融合程度就较低。从农村产业融合的效果上看，可以考察农民是否分享二三产业带来的价值增值，是否缩小城乡差距、提升农业产业效益，从而体现农村产业融合发展水平。

二、农村产业融合发展水平的测量方法

（一）评价指标体系构建思路

以"农村产业融合机理"的研究为核心，根据"产业融合理论、产业链理论、垂直一体化理论"的基本理论，将推进农业供给侧结构性改革作为主线，将提高农业附加值、增强农业竞争力、优化农村产业结构、提升农产品质量、提高农民收入、增加农民就业岗位作为农村产业融合评价指标体系构建的目标。在此基础上，一是根据农村产业融合的内涵确定评价的内容；二是借鉴相关学者专家构建的农村产业融合评价指标体系和农业方面相关评价报告，再结合具体情况进行调整；三是结合农村产业融合的机理，确定具体的指标。

（二）评价指标体系构建原则

构建农村产业融合发展水平评价指标体系，就需要一套可以明确量化的指标，而评价指标的选取，是关系到评价结果可信度的关键因素。立足于农村产业融合的发展实践，避免指标选取的主观性，需要遵循以下几项原则。

1. 系统性原则

农村产业融合评价指标体系要结合"五位一体"的内涵，在指标选取时，就要遵循于这一总要求，从产业链延伸、农业多功能拓展的产业发展部分，到农业增效、农民增收部分，到绿色发展部分都应该有所体现。同时，指标体系应该避免重叠性，并非越多越好，总体上把农村产业融合水平评价视为一个系统性问题，综合相关因素衡量。

2. 可操作性原则

农村产业融合水平评价指标体系需要应用于实际工作，以便更好地促进农村产业的发展。因此在指标选取上，应该具有方法适用、计算简便等特点。指标概念应清晰明确，指标数据容易获得，由于农村产业融合评价涉及面广，在建立评价指标体系时并不能做到面面俱到，为了避免影响到指标评价工作的顺利进行，就应当选取相对成熟和有代表性的指标，通过定量和赋值，使评价指

标体系具有很好的可操作性。

3. 可获得性原则

指标可获得性是在实际工作中必须要求的，否则再好的指标，若没有数据能够表示，也毫无意义，因此，构建指标时要对这一点予以考虑。当前，农村产业融合水平评价没有一个统一且全面系统的指标体系，因此应该思考哪些是既有数据支持又能够充分反映农村产业融合问题的指标。

（三）农村产业融合度测算指标选取

中国农村产业融合度的科学准确测算是展开研究的基础，农村产业融合度的测算有不同的方法。陈池波等采用主观赋权法和客观赋权法，将产业融合细分成各个指标，来测算服务业与农业的投入产出关系。[1] 余涛通过产业延伸、产业交叉、产业扩展、产业重组四个维度，选取六个二级指标去测算农村产业融合度。[2] 张岳等采用客观赋权的熵值法，利用多个指标计算权重，来保证结果的科学性。[3] 陈学云等采用耦合度分析法进行分析。[4] 谭明交采用随机前沿法进行分析。[5] 陈盛伟等通过运用熵值法和TOPSIS法构建农村产业融合发展评价体系。[6] 王玲采用主成分分析法测算农村产业融合发展水平，分析相关指标的贡献度。[7] 通过文献梳理，再考虑到数据的可获得性和客观性，下面选取客观赋权的熵值法来测算农村产业融合度，从三个层次展开，第一层次为农业现代化水平，第二层次为农业功能性展开，第三层次为农业与服务业相结合，如表2-1所示。

---

[1] 陈池波、李硕、田云：《农村产业融合发展水平的统计评价》，《统计与决策》，2021年第21期，第164～169页。

[2] 余涛：《农村一二三产业融合发展的评价及分析》，《宏观经济研究》，2020年第11期，第76页。

[3] 张岳、周应恒：《数字普惠金融、传统金融竞争与农村产业融合》，《农业技术经济》，2021年第9期，第68～82页。

[4] 陈学云、程长明：《乡村振兴战略的三产融合路径：逻辑必然与实证判定》，《农业经济问题》，2018年第11期，第91～100页。

[5] 谭明交：《农村一二三产业融合发展：理论与实证研究》，华中农业大学，2016年。

[6] 陈盛伟、冯叶：《基于熵值法和TOPSIS法的农村三产融合发展综合评价研究——以山东省为例》，《东岳论丛》，2020年第5期，第78～86页。

[7] 王玲：《江苏省农村产业融合水平测度与区域差异分析》，《农业经济》，2017年第6期，第21～22页。

表 2-1　农村产业融合指标评价表

总指标	一级指标	二级指标	单位
农村产业融合水平	农业现代化水平	Q1 第一产业总产值	亿元
		Q2 农业机械总动力	万千瓦时
	农业功能性展开	Q3 乡村旅游年收入	亿元
		Q4 化肥施用程度	万吨
		Q5 农业加工业总动力	千瓦时
	农业与服务业相结合	Q6 农林牧渔服务业产值	亿元
		Q7 互联网普及程度	万人

为了保障数据的可获得性,本书选取了7个具体指标来测算农村产业融合度,以提高结果的准确性。

(1) 第一产业总产值。该指标衡量第一产业的发展情况,农村产业融合是在第一产业发展的基础上进行产业链延伸,第一产业的增长是产业融合的基础。

(2) 农业机械总动力。通过各地区农业机械的使用程度来测算农业现代化水平,机械化程度越高的地区,农业发展得越快,产出效率提升,用机械去替代人力,农民有更多的时间去从事其他生产经营活动。

(3) 乡村旅游年收入。其反映休闲农业与旅游业的结合水平。利用当地的自然资源与休闲旅游相结合,打造出新的产业链,是农村产业融合的重要体现,既有助于生态环境的修复,还给农民带来额外的收益。

(4) 化肥施用程度。在短期内增加化肥的使用可以带来产量的提升,但是长期过度施用会对土地和周边的生态环境造成负面影响。产业融合会加速农业转型,通过减少化肥的使用强度向绿色农业、节约型农业发展,实现农业高质量发展的目标,促进农业的循环发展。

(5) 农业加工业总动力。其主要是衡量农产品加工业发展情况。农业与二产业相结合是产业融合的重要表现形式,农业与加工业的结合可提升农产品的附加值。

(6) 农林牧渔服务业产值。该指标可衡量农林牧渔服务业发展情况。农业与服务业相结合是产业链延伸的具体表现,农业产业链的延伸和完善可带动服务业的发展,是评价农村产业融合水平的重要指标。

(7) 互联网普及程度。技术进步是产业融合的基础,而信息技术的发展为农村产业融合注入了新的动力,农民可以通过互联网学习农业知识,提升自身知识水平,农产品可以通过互联网进行销售,减少交易成本。互联网的发展为产业融合提供了基础。

本节选取 29 个省（区、市）2007—2020 年的数据测算农村产业融合水平，本节指标体系来源于《中国统计年鉴》《中国农村统计年鉴》《中国农产品加工业统计年鉴》等。

（四）农村产业融合度测算

第一步，利用选取的指标用熵值法进行测算，由于选取的指标代表不同的变量，各个指标的单位也不同，先要将数据进行标准化处理，将数据改成 x_{ij} 的形式，$i=(1, 2, \cdots, m)$，$j=(1, 2, \cdots, n)$。i 代表地区，$m=29$；j 代表二级指标，$n=7$。

第二步，将正向指标标准化处理为：

$$Y_{ij}=\frac{x_{ij}-\min\{x_j\}}{\max\{x_j\}-\min\{x_j\}} \quad (2-1)$$

将负向指标标准化处理为：

$$Y_{ij}=\frac{\max\{x_j\}-x_{ij}}{\max\{x_j\}-\min\{x_j\}} \quad (2-2)$$

第三步，定义熵，其中 $m=\dfrac{1}{\ln s}$，则第 j 个指标的信息熵值与第 i 年的第 j 个指标比重分别是：

$$e_j=-m\sum_{i=1}^{s}(P_{ij}\times \ln P_{ij}) \quad (2-3)$$

$$P_{ij}=\frac{Y_{ij}}{\sum_{i=1}^{s}Y_{ij}} \quad (2-4)$$

第四步，计算各个指标的权重，首先信息指标的冗余度为 $f_i=1-e_j$。进而计算出权重：

$$\omega_{ij}=\frac{f_j}{\sum_{i=1}^{k}f_j} \quad (2-5)$$

第五步，利用线性加权法计算农村产业融合度，计算公式如下：

$$tc_i=\sum_{j}^{n}\omega_j x_{ij}$$

其中，ω 为权重系数，tc_i 代表 i 地区的农村产业融合水平。

利用 2007—2020 年 29 个省（区、市）的数据计算出产业融合水平，表 2-2 是熵值法计算权重结果汇总。

表 2-2　熵值法计算权重结果汇总

项	信息熵值 e_j	权重系数 ω
农业机械总动力	0.9363	11.12%
第一产业总产值	0.9463	9.37%
化肥施用程度	0.9916	1.47%
互联网普及程度	0.9130	15.18%
农林牧渔服务业产值	0.8685	22.96%
乡村旅游年收入	0.8395	28.01%
农业加工业总动力	0.9319	11.89%

下面针对该权重系数对一级指标和二级指标进行权重的计算，结果如表2-3所示。

表 2-3　各级指标权重

总指标	一级指标	权重	二级指标	权重
农村产业融合水平	农业现代化水平	20.49%	Q1 第一产业总产值	9.37%
			Q2 农业机械总动力	11.12%
	农业功能性展开	41.37%	Q3 乡村旅游年收入	20.01%
			Q4 化肥施用程度（负向指标）	9.47%
			Q5 农业加工业总动力	11.89%
	农业与服务业相结合	38.14%	Q6 农林牧渔服务业产值	22.96%
			Q7 互联网普及程度	15.18%

根据上述权重情况来看，农林牧渔服务业产值的权重系数最高（为22.96%），其次是乡村旅游年收入权重系数（为20.01%），其余变量的排名是互联网普及程度、农业加工业总动力、农业机械总动力、化肥施用程度和第一产业总产值。下面依据各个变量的权重对农村产业融合水平指标进行计算，得到以下表格，如表2-4所示。

表 2-4　各省（区、市）产业融合水平

地区	2007	2008	2009	2010	2011	2012	2013	2014	2015	2016	2017	2018	2019	2020
全国	10.5	11.2	11.9	12.9	14.1	16.3	17.6	18.8	20.9	22.6	25.2	28.5	31.4	31.5
上海	3.9	3.9	3.9	4.0	4.0	4.5	5.0	5.0	5.9	6.4	7.2	8.0	8.7	8.9
云南	8.7	9.8	10.2	11.1	11.7	12.3	13.6	14.0	14.6	14.8	15.5	16.4	17.3	16.0

续表

地区	2007	2008	2009	2010	2011	2012	2013	2014	2015	2016	2017	2018	2019	2020
内蒙古	4.4	4.3	4.4	4.5	4.7	4.5	4.3	4.7	4.6	4.7	4.4	4.4	4.9	4.5
北京	4.9	5.6	6.1	6.5	7.4	8.2	8.8	9.1	10.2	10.2	10.0	11.0	11.1	11.7
吉林	6.5	6.9	7.2	7.7	8.6	9.7	10.8	11.5	12.4	13.2	3.0	17.6	20.4	21.0
四川	17.8	18.7	20.1	22.3	25.0	29.0	31.6	35.0	40.5	45.8	14.0	57.4	63.9	63.8
天津	2.2	2.0	2.1	2.2	2.2	2.2	2.2	2.3	2.3	2.3	7.0	2.2	2.4	2.5
宁夏	2.2	2.5	2.6	2.6	2.7	2.8	2.9	3.0	3.2	3.3	51.0	3.6	3.7	3.8
安徽	12.5	13.	14.2	15.5	17.8	20.0	22.0	24.4	28.6	32.1	9.0	41.3	45.2	45.8
山东	31.7	32.8	34.2	36.2	39.7	43.9	47.4	49.5	53.5	54.1	2.2	60.2	62.3	62.5
山西	5.9	6.2	6.8	7.2	7.7	8.1	8.4	8.6	8.2	8.2	3.5	8.9	9.4	9.5
广东	15.3	16.4	17.9	19.2	21.0	39.5	41.6	47.4	54.6	62.0	35.0	69.7	75.1	76.0
广西	10.9	12.0	12.6	13.7	14.9	16.0	19.7	20.8	23.6	25.6	8.0	33.1	53.7	50.0
江苏	16.2	17.3	18.3	20.1	22.7	28.0	31.4	33.0	38.4	41.7	46.0	49.7	49.2	49.5
江西	14.1	16.3	18.2	18.8	21.3	24.3	19.4	20.5	24.7	28.7	34.2	37.5	43.4	43.6
河北	25.0	25.9	26.5	27.6	28.6	30.0	33.5	33.6	34.0	32.2	33.5	36.1	37.9	38.0
河南	21.2	22.7	23.7	25.3	26.3	28.3	30.0	31.4	33.6	33.7	35.4	38.2	40.2	41.2
浙江	14.9	15.3	16.3	17.7	19.5	21.6	23.3	23.4	28.7	32.8	37.5	45.8	48.6	48.7
海南	2.6	2.9	3.0	3.1	3.5	3.8	4.0	4.3	4.6	5.0	5.4	5.7	6.4	6.3
湖北	12.9	14.1	15.2	17.7	19.8	22.5	25.3	27.7	33.0	39.1	44.1	50.4	54.1	54.2
湖南	16.2	17.6	19.6	22.2	24.9	28.5	31.9	35.5	39.3	44.2	49.3	54.6	60.4	60.4
甘肃	4.5	4.8	5.0	5.6	5.9	6.3	7.0	7.1	7.5	7.8	8.7	10.6	10.6	10.7
福建	9.5	9.7	10.8	11.7	12.7	14.1	15.7	17.5	18.8	20.6	22.8	39.3	45.8	46.0
贵州	9.2	9.8	10.3	10.8	11.8	14.0	15.7	18.6	20.5	22.7	39.5	48.5	58.5	58.9
辽宁	8.8	9.6	10.2	11.3	13.2	15.9	16.9	18.0	17.7	16.5	16.6	16.7	15.9	16.0
重庆	6.6	7.3	7.7	8.5	9.2	9.9	10.6	11.4	12.7	14.3	17.0	19.4	21.2	22.0
陕西	6.2	6.7	7.1	7.7	8.3	9.3	10.1	10.8	11.7	12.5	13.7	14.8	15.8	17.0
青海	1.9	1.9	2.0	2.1	2.2	2.2	2.3	2.4	2.4	2.5	2.8	3.2	3.6	3.8
黑龙江	7.4	7.9	8.8	9.8	11.4	12.8	14.1	15.1	16.1	17.0	18.8	20.8	21.3	22.0

数据来源：2007—2020年《中国统计年鉴》《中国农村统计年鉴》《中国农产品加工业统计年鉴》，并通过熵值法计算得出，计算结果保留一位小数。

从表 2-4 可以看出，在选取的 29 个省（区、市）中，只有辽宁在 2017—2020 年产业融合水平呈下降趋势，山东、广东、湖南产业融合水平靠前。除了辽宁以外，其他各省都在稳步增长。

三、农村产业融合发展水平现状分析

下面将 29 个省（区、市）分为四个地区（东北地区、东部地区、中部地区、西部地区）研究农村产业融合水平的现状。

首先，东北地区农村产业融合水平如图 2-2 所示。

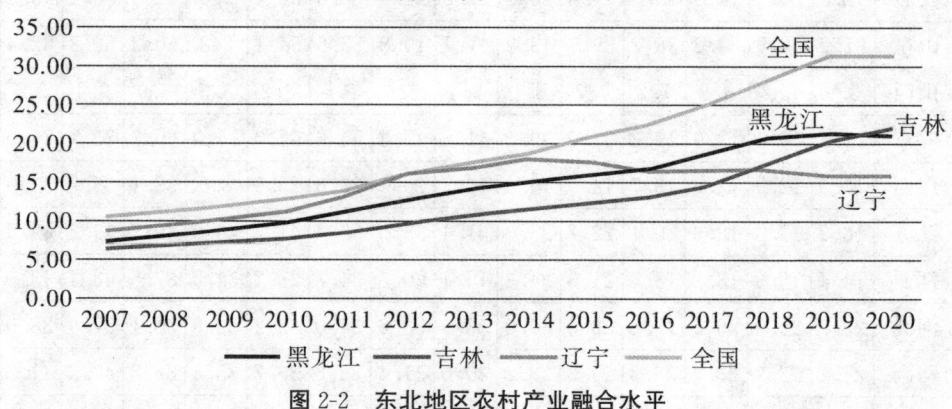

图 2-2 东北地区农村产业融合水平

从图 2-2 来看，东北地区融合度低于全国水平，东三省均是我国的农业大省，在进行农业现代化水平建设的同时需要逐步探索农村产业与服务业相结合，摆脱单一的发展方式，调动农民的积极性，丰富产业融合的形式，提升农民的收入水平。

其次，东部地区农村产业融合水平如图 2-3 所示。

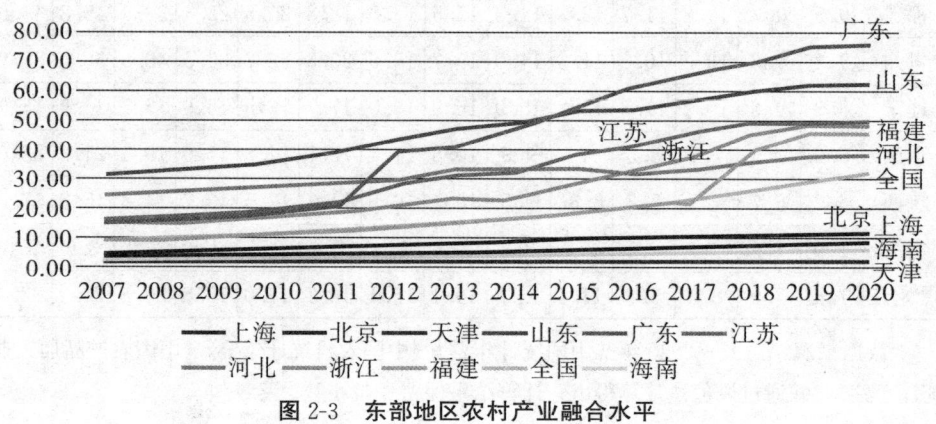

图 2-3 东部地区农村产业融合水平

从图2-3东部地区的测算结果来看，天津、北京、上海的农村产业融合水平低于全国水平，这三个城市与其他东部地区定位不同，承担政治、经济建设重任，以二三产业为主，服务业主要与工业相结合。山东、江苏、广东、河北、福建的经济基础较好，农村基础设施完善，农业加工业水平较高，其产业融合水平高于全国水平。海南省主要是以旅游产业为主，农作物主要以热带水果为主，产业较为单一，所以农业产业融合水平也较东部其他省份落后。

再次，中部地区农村产业融合水平如图2-4所示。

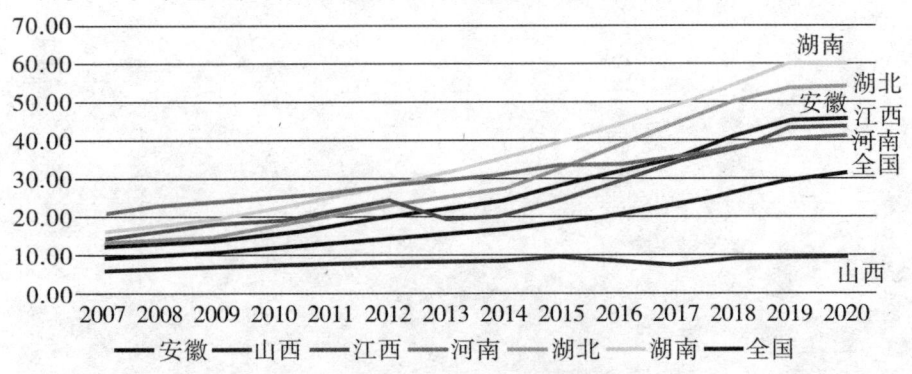

图2-4 中部地区农村产业融合水平

最后，西部地区农村产业融合水平如图2-5所示。

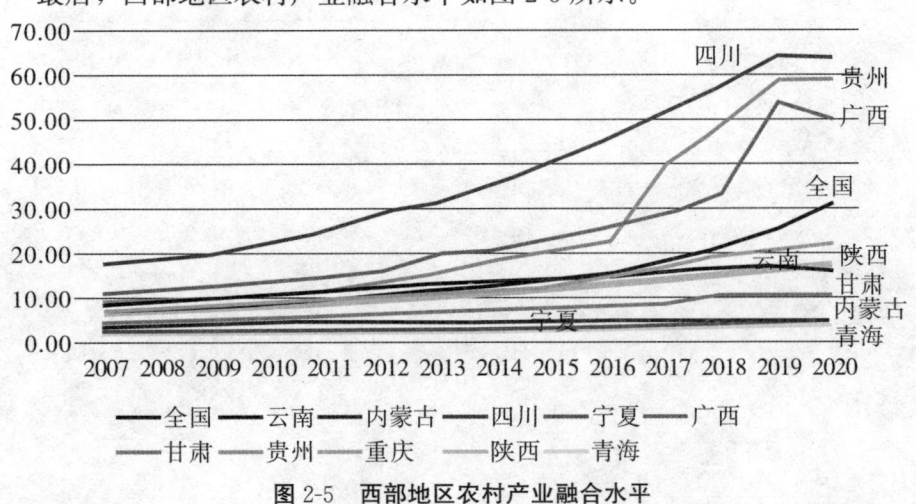

图2-5 西部地区农村产业融合水平

从图2-4可以看出中部地区农村产业融合水平也存在差异，山西融合度低于全国水平，湖南、湖北、安徽融合度较高。从图2-5可以看出西部地区除了四川、陕西、广西，其余省（区、市）农村产业融合度都处于全国水平之下。对于西部地区，自然环境是限制其发展农业的最大瓶颈，不适合展开机械化种植，无法发展成规模化种，导致农业融合水平程度低。相比之下，山东、河南、江苏耕地资源丰富，气候土壤都适合农作物的生长，同时这三个省份也是农业大省，农业基础设施完善，其农业融合水平远高于全国平均水平。自然资源禀赋也是限制农村产业融合水平的重要条件。

第三章 农村产业融合发展模式

产业融合是指多主体参与、多向度融合、多功能开发和多价值追求的过程。各类资源、要素跨界、迭代、互渗，线上与线下、实体与虚拟，在复合性价值追求引领下，通过物质循环、能量流动和信息交换，实现资源配置优化和生产要素重组，形成多种农村产业融合发展的模式和创新方向。鉴于资源禀赋和经济发展阶段区域差异，下面将对农村产业融合发展主要模式进行分析与研究。

第一节 农村产业融合发展模式概述

一、农村产业融合模式的基本概念

根据自组织理论的协同论，产业融合是产业间模糊产业边界，最终形成新的融合业态和新产业的过程，其实质是产业链间的一个解构、重组、协同与融合的过程。产业融合模式具体分为三类：高新技术对产业链渗透融合、相关产业间的产业链延伸融合以及集群式产业链的协同重组融合。智慧农业是"嵌入"式渗透融合；延伸融合模式是产业链横向扩展的结果，如农产品加工融合；重组融合模式主要在产业内部，如农业通过生物链将种、养等重新整合融合形成稻鸭、稻虾、稻鱼等生态农业模式。

二、农村产业融合发展模式的层次性

农村产业融合发展模式总体上可以分为宏观、中观和微观三个层次。以微观主体为引擎，以中观层面发展为具体形式，以宏观政策为保障推进农村产业融合。

◇ 农村产业融合发展的理论研究与实践

（一）农村产业融合发展的微观层面

作为最基本的生产者和交易者，农业微观主体是市场经济主体的构成部分，也是三产融合发展的最重要的主体与载体。三产融合对象无论以什么形式出现，都必须体现农民的主体作用，不能排斥和代替农民。新型农业经营主体是农村产业融合的主力，是"四新"的创造者，是传输新理念、新技术，激活农村经济的内生动力。供销社、产业联盟、行业协会等也是农村产业融合发展的骨干力量。

从主体经济行为的微观层面来看，要发挥市场机制推动产业融合发展，组织农户走规模化、集约化、社会化、专业化、组织化和标准化道路。完善利益链接机制和组织模式、经营方式和产权关系，通过市场力量倒逼和引导标准化生产，推动产业模式升级。沿产业链向前后延伸，拓展农业新功能；位于价值链低端的经营主体，更倾向于通过合作或战略联盟等方式拓展农业新功能。推广应用先进科技，衍生出高效农业、农业生产性服务业等新业态。在与新技术、网络的战略合作中，谁也避免不了被卷进创新浪潮中，实现技术融合和管理融合，激发农业创新动力，衍生融合的新产业和新业态。例如，大力发展种养大户和家庭农场，延伸生产者内部产业链；挖掘农民合作社作用，缩减外部产业链；龙头企业实施纵向一体化，实现产业链延伸和产品质量内部控制。

（二）农村产业融合发展的中观层面

从中观层面看，产业融合发展有利于打造全产业链和提升产业链竞争力，推动产业结构优化升级和区域经济协调发展。在农村产业融合发展的逻辑关系中，农业是基础。但是，农业副业化、农户兼业化、农村劳动力弱质化、农村空心化等问题，已严重影响到农业竞争力和可持续发展，需要二三产业的提升与带动。

首先，农村产业融合集聚和整合生产要素，延伸产业链，延长价值链，资源要素在市场需求的引导下向农业产业链条流动，实现资源高效配置。围绕优势农产品，形成专业化、规模化、特色化的现代农业三个体系，提高农业生产效率和产业竞争力，实现行业间的价值链重构。

其次，农村产业结构调整，使之趋于科学、合理、有效，提升产业分工层级，转变经济发展方式，推动产业结构多层次合理化和高层次升级。

最后，紧密联系城镇化和工业化、信息化，推动优势农产品产、加、销等建设，建设农业特色村镇，基于资源优势，提高区域产业竞争力；发挥品牌效应，提升农业附加值；提升农业生产力、农民发展能力和农村发展活力，形成"四化"同步和区域"整体联动"的发展格局。

（三）农村产业融合发展的宏观层面

政府应出台配套的政策引导农村产业融合的发展，通过合理产业布局、政策框架搭建和公共服务能力提升，为融合创造良好的前提条件。

第一，政府提供外部条件与保障，尽快出台专门的法律法规，确保三产融合有序进行，并始终遵循维护农民利益、提升农业发展的主旨。修订农业及其相关的法律法规，保障农村产业融合有法可依、有法可循。设立农村产业融合发展的专用资金和基金，补贴项目向加、运、销环节配套拓展，更新补助目录；财政资金投向结构向冷链物流、农业高新技术、农村电子商务等调整，发挥"查漏补缺"作用。发挥财政的撬动作用，为经营主体提供融资优惠、利率优惠，延长贷款期限等。

第二，构建三产融合发展的农村公共服务体系。产业区形成配套的基础设施与公共产品服务，激发区域内农业发展和升级的潜在动力。修缮农村基础设施，解决农产品的加工、运输问题。引导工商资本进入农村公共服务领域。在生产区域内构建信息共享平台，缓解农户与市场的信息不对称问题。

三、农村产业融合发展模式的多样性

在农村产业融合的初探阶段，农村产业融合发展拓展农业产业的发展空间，从农业生产单环节向全产业链持续拓展，从农业内部向农业外部持续拓展，基本形成"获农金、收租金、挣薪金、分股金"的格局。在实践中，每种融合发展模式都有其优缺点，需要结合当地资源条件和发展状况做好选择。

第一，多元的农村产业融合主体。主体包括农户、家庭农场、农民合作社、龙头企业、行业协会和产业联盟等，主体多元性决定了融合模式的多样性。农村产业融合总体上可分为内部融合和外部融合两个模式：前者是以农户、专业大户、家庭农场或农民合作社为基础的融合发展；后者是以农产品加工（流通）企业等引领的融合，主要有龙头企业引领型、企业集群型和产业化联合体型等。

第二，多变的融合方式。农村产业融合存在农业内向融合、产加销纵向融合、农文旅横向融合、新技术渗透逆向融合、产园多向融合和多元主体利益融合等方式。农业内向融合催生了"林下养鸡""稻田养鱼（虾、蟹、鸭）"等新业态，产业延伸顺向融合催生了中央厨房、农商直供等，功能拓展横向融合催生了创意农业、教育农园、乡村民宿等业态。信息技术逆向融合催生了数字农业、智慧农业、众筹农业等业态。农业与城镇的多向融合催生了产业强镇、田园综合体等。农村产业融合既是不同产业、主体、生产环节的融合，也是资源要素的融合，更发散为功能、区域等的融合。

第三，多样的利益联动机制。三产融合的核心是价值联结，建立健全利益联结机制，维护好农民利益，建立利益共同体。"与民竞争、与小农抢饭碗"就背离了融合的宗旨和目的。实现融合主体合作、联合、整合与互惠，才是推进三产融合发展的核心。目前，产业融合中已经建立契约式、分红式、股权式等利益联结机制，形成了订单农业、合作制、股份合作和服务带动等利益联结方式，具体形式有"保底收益＋按股分红""租金＋就业＋养老金""租金＋工资＋返利分红"等，正在打造"风险共担、利益共享、命运与共"的利益联合体。"一地生四金（租金、薪金、股金、经营赚现金）"的模式值得借鉴和推广。

第二节　农村产业融合发展模式内容及案例

农村产业融合发展的过程中，催生出不同的融合模式，大致可分为以下三种类型：一是农业产业链延伸型融合模式，以农产品加工为引领，前后延伸，形成新技术、新业态，最终实现产业链条和产业范围扩大、延伸。产业链条延伸型形成联动的产业链条，前后配合，形成有机的整体，提高生产效率，带动农业发展。二是农业产业交叉型融合模式，以农业为中心，进行产业联动、交叉融合，开发农业的生态、文化、休闲、社会等功能，开发休闲农业等农业新业态。产业交叉型的融合能够实现各产业间的资源和功能互补，提高资源利用效率和产业竞争力，加深产业融合的深度。三是高新技术渗透型融合模式，高新技术要素突破产业壁垒，渗透进入农业，在农业产业中发挥其自身功能，创新、发展和融合，带动农业现代化发展。这三种模式是目前中国农村产业融合发展中主要存在的产业融合模式。

一、农业产业链延伸型融合模式

(一)农业产业链延伸型融合模式内涵

农业产业链延伸型融合模式是以农业为核心,以农产品加工为引领,前后延伸,形成新技术、新业态,最终实现产业链条和价值链条、产业范围扩大、延伸。这一模式下,以农业为中心,实现农业产业链向前与向后的延伸,打造农产品生产、加工、销售一体化,在提升价值链的同时将价值增值留在农业农村,从而解决农民就业问题,提高农民收入水平,促进农村产业融合更好发展。

农业与加工业的融合是最传统、最普遍的方式,不少农民进行农业生产以后,还要对农产品进行初级加工(如分拣、清洗、包装等)再销售出去,这种简单的产业融合依旧普遍存在。农产品加工业不仅是这种融合模式的核心,也是农村产业融合发展的重点。农业想要获得更好的发展,就需要与农产品加工业进行高质量的融合,农业产业链延伸型融合模式以农产品为基础,融合第二产业,连接第三产业,实现农村一二三产业的相互融合。

近几年,农业农村得到前所未有的发展。农业从原本最为传统的人力劳动依次发展到机械化农业、自动化农业和现代化农业,农业科技生产、农产品精深加工、电子商务销售、旅游农业的开发都揭示着中国农村产业融合的进程,新型经营主体(家庭农场、农民合作社、龙头企业)的不断壮大,推动产业相互渗透融合,产业链条自然延伸,让农民受益其中。

(二)农业产业链延伸型融合模式机理

农业产业链延伸型融合模式突破了一二三产业间的产业壁垒,将农业与农产品加工业紧密联系,带动销售、旅游、文化等相关服务业联动发展,实现以农产品加工业为中心,带动一二产业、一三产业及一二三产业间的融合,使产业链延伸带来价值增值,让农民享受农村产业融合发展带来的利益。图3-1构建了农业产业链延伸型融合,下面将对这一模式的融合机理进行分析。

改良种子、优质肥料等基础资源供应 → 农业生产 → 高新技术、先进设备及管理理念的引入 → 农产品加工 → 农村电商平台的搭建 → 农产品销售

图 3-1 农业产业链延伸型融合

1. 农业产业链延伸型融合原因

农业产业链延伸型融合模式的本质在于将农业产业链进行延伸以提升产业价值链。在农村产业融合发展的进程中,各种新型经营主体逐渐出现,例如农民合作社、龙头企业等,这些经营主体的出现以及它们参与融合的根本原因都是获得产业融合带来的利益,因此它们的参与不仅为自己创造了利益,也有利于农业产业链的延伸以及价值链的增值。产业链的延伸有助于农产品加工业发展,产量往往随之增加,这便需要搭建坚实有效的销售平台,拓宽销售渠道。这种模式下的农业生产不能简单局限于传统方式,要对生产提供种子、肥料、生产技术、生产设备等基础支持。农产品加工不能只处于初级加工阶段,要引入先进的加工技术、加工设备、管理理念等。在销售过程中,要注重产品运输质量和效率,为农村电子商务打造销售平台,让农产品能够顺畅地流通到市场中。这样才能发挥出农业产业链延伸的真正作用,创造利益,实现价值增值。

2. 农业产业链延伸型融合过程

农业产业链延伸型融合模式的运行过程是以农产品加工业为核心,融合第二产业,联动发展第三产业为融合发展提供支持。传统农业加工中,根据需求购买农作物种子,然后进行农耕劳作,再将生产的农产品卖给承包商。农业产业融合后颠覆传统农业加工。在农业生产中,产业融合后可以自主培育改良的种子（牲畜）、生产适应当地环境的化肥等基础资源,加强农业工业化生产,提高机械化程度,提升劳动效率,降低生产成本。在加工环节中,应该运用先进的管理理念,学习先进生产技术,引入先进生产设备,标准化加工过程,促进农产品加工业由初级加工向精深加工转变。在销售环节中,要注意农副产品的仓储,搭建电子商务平台,拓宽农产品销售渠道,实现农产品的高产高销。农业产业链在延伸过程中,有利于挖掘农业的多功能性,同时促进农村产业融合的发展。

3. 农业产业链延伸型融合结果

农业产业链延伸型融合模式的引领主体是龙头企业,在龙头企业的带领下,农产品加工业能够得到进一步的发展,由此拓展出的农业多功能也会得到展现。这一模式能够实现农产品产、加、销一体化经营,向前向后延伸农业产业链,促进农业发展的升级,创造价值增值。农村产业融合模式中的农业产业链延伸型融合,催生出了新的农业发展模式,这不仅为农业发展提供了机会,还为二三产业创造了利益，使农民能够分享产业融合带来的成果，促进农业农村现代化建设。

（三）农业产业链延伸型融合模式实例分析

生猪产业是在日常生活中容易接触到的农业产业链延伸型，并且其产业链较长，这一产业比较适合农业产业链延伸型融合模式。生猪产业涉及许多方面，例如饲料、兽药、物流运输、屠宰、加工、包装、保鲜、冷藏、批发、零售等。因此生猪产业也会涉及许多经营主体、例如饲料厂、兽药厂、种猪场、养猪场、物流公司、猪肉加工企业、经销商、零售商等。生猪产业链包含了许多链节，各链节之间环环相扣、互相衔接，围绕生猪发展出了庞大的生猪产业结构。

1. 生猪产业链条情况说明

生猪产业融合较好，延伸的范围较广，涉及经营主体较多，以下对产业的每个环节进行说明。

（1）饲料供给环节。饲料的供给是生猪产业中必不可少的重要环节，饲料厂的作用在于为种猪场和养猪场提供饲料产品。

（2）育种环节。重引进、重改良和重培育品种，全面保证质量，为下游小养殖户提供种猪，保证出栏率和品质。

（3）养猪环节。这一环节主要会涉及小农养猪散户和养殖场，其主要任务就是饲养，将仔猪饲养到达到出栏标准的时候，便可以为生猪产业链的下游提供生猪。

（4）屠宰环节。养猪环节提供的出栏猪会被送到定点屠宰场进行分割，如颈背、里脊、五花肉、肋排、腿骨等。屠宰和加工是生猪产业的重点环节。

（5）加工环节。肉食加工企业对已经分割的猪肉进行进一步的加工，如培根、火腿、猪肉脯等产品。

（6）销售环节。这一环节涉及运输、批发和零售。本环节就要保证猪肉及加工产品的冷冻保鲜、物流运输、销售渠道等全面协作。

（7）消费环节。猪肉是人们日常生活中最为常见的肉产品，从总体上来说，中国对猪肉的消费量巨大。

2. 生猪产业链中存在的问题

中国对猪肉的消费量巨大，需求量旺盛，但生猪产业链融合不充足，产能和品质都无法满足要求。大型养殖场仍然处于缺乏状态,养殖产业比较分散。大多数养殖户和养殖场的环境较差,养殖环境亟须改善,养殖设备需要进行更新。还应引进更高水平的养殖技术,提高养殖管理水平和生猪品质。对猪肉进行深加工的企业较少,尤其大多数农村地区缺乏猪肉精深加工企业,这就无法实现价值增值。此外,生猪产业中各个环节的专业化程度较高,不管企业还是个体参与生猪产业都会面临较高的门槛,而且如果想要退出也会面临较大的困难。中国生猪产业链存在的主要问题如下:

第一,生猪产业和二三产业融合程度较低。生猪产业链条前后延伸程度较低,生猪养殖较为传统,散养农户较多,集中养殖的大型养殖场较少。组织化程度较低,一体化、产业化、智能化发展较少。猪肉加工大多处于初级加工阶段,以猪肉分割为主,深加工产品较少,整个产业中仍然缺少进行精深加工的高水平企业。生猪产业的销售也是以传统方式为主,通过超市、农贸市场进行销售,网络平台渠道销售才刚刚开始发展。整体来看生猪产业的产业融合程度较低,融合的效果欠佳。

第二,生猪产业链的产业融合主体之间联系不够紧密,利益分配不合理。如今参与生猪产业链的众多企业、农民合作社、小农散养户联系不够紧密,与生猪产业相关的信息没有得到充分流通,相关服务也没有发挥出应有的支持作用。生猪产业链中各经营主体集中程度较低,建立的联系也比较脆弱。在利益分配上存在严重的失衡,生猪产业带来的经济利益大多流向了企业,农民能够分享到的利益较少。农民在生猪产业中主要参与的是养殖环节,普通的小农散养户难以分享到其中的利益。龙头企业和农民之间的利益联结也存在不紧密的问题,还容易出现违约的情况,导致信任危机。在生猪产业链中,农民能够分享到的利益是相对较少的。

第三,生猪产业的龙头企业数量较少,风险承受能力较弱。农村的生猪养殖大型龙头企业较少,小农散养户较多,缺少大型专业养殖场就难以聚力对产业发展起到带动引导作用,影响整个产业链的高质量发展。生猪养殖环节的参与主体主要是小农散养户,而小农散养户的养殖环境较差、养殖水平较低、养殖技术也比较落后,抗风险能力较弱,生猪在这种养殖条件下品质较差。农户的防疫水平往往比较低,这更容易使风险加重,导致生猪产能和品质问题。

第四,生猪产业链信息化水平较低,产业融合进程慢。这会降低各个经营主体对市场变化的反应灵敏度,信息闭塞会严重阻碍决策的制定和计划的实施效果,在市场价格波动时,企业无法及时捕捉信息,进行企业战略调整。尤其对于小农散养户而言,这类主体的信息获取能力较弱,抗风险能力较弱,专业程度也比较低，在生猪市场上处于弱势地位，往往被动地受市场变化的操控，没有影响市场价格的能力。小农户自身的养殖规模比较小，因此生猪交易数量也较小，无法主动掌握生猪市场的控制权，生猪交易价格较低，往往会受到收购企业的压榨，导致农户的利润空间不断被压缩。

第五，生猪产业成本效益不稳定，影响产业融合效果。在猪肉价格下跌时，生猪养殖中受冲击最大的是养殖环节，但是在猪肉价格上涨时，养殖的利润空间增幅很小，屠宰和销售的利润空间得到极大的扩容，带来了成本效益不稳定的问题，影响产业融合的利益效果。良好的产业链能够承受市场变化带来的压力，缓解分散各环节受到的冲击，向着更好的产业融合状态发展。

3. 生猪产业链的改进措施

生猪产业链包含多个生产加工环节、经营主体，如今也存在着一定的问题，造成这些问题的因素也比较复杂繁多。生猪产业链涉及的每个环节都面临一定的风险与挑战，因此各个环节更应该环环相扣，紧密相连，风险共担。同时各主体要加强联系，从而促进生猪产业链条的延伸，保证农业产业的融合发展。针对生猪产业链存在的问题，下面提出以下几种解决措施：

第一，延伸产业链条，促进产业融合发展。生产养殖方面，引进、改良和培育品种。目前国内本地生猪品种就高达百余种，还有多种进口品种，农村应该在引进新品种的基础上进行改良，培育适应当地环境、气候的新品种，提高种猪繁殖水平和繁殖质量。引入先进的生物科学技术对生猪品种进行改良，突破种猪的地域限制，推广优良种猪繁殖品种。加工方面，生猪产业由生加工到深加工，从简单的生猪分割转为产品深度加工，拓展产品种类，如熏肉、卤肉、水饺等，让第一产业和第二产业深度高效融合。销售方面，虽然起步晚，市场对网络平台销售生猪产业产品还相对陌生，但是企业应尝试以促销、活动等形式加快开拓网络销售渠道，加强第一产业和第三产业融合。综上所述，生猪行业要拓展产业链条的延伸，加强农业与其他产业的融合发展。

第二，对生猪加工加强监督，保证产业融合的安全性。猪肉的安全问题将会直接影响整条产业链的运行状况及产业融合的社会效应。无论在哪一个环节出现安全问题，都可能使最终流入消费者手中的猪肉产品存在健康风险，并对生猪产业的销售环节造成恶劣影响，因此肉制品安全问题不容忽视，要建立健全生猪产业链监督控制机制，对每个环节都要加大监管力度，保证猪肉产品质量达标。完善相关法律法规，为生猪产业的各个环节制定一系列执行和监督标准，监管机构要严格按照标准对经营主体进行监督。饲养环节中，对饲料厂的生产环境、添加剂使用情况进行严格监督，保证饲料质量安全。对兽药生产机构加大监管力度，严格执行行业准入标准，禁止生产经营不合格兽药。还要对加工环节加强监督，严禁添加剂超标使用，保证加工环境、操作流程的安全。

第三，将行业各参与主体紧密联系起来，提高产业融合动力。生猪产业链涉及饲养、繁殖、加工、销售等多个环节，目前各个环节参与主体之间的联系较为松散，为了促进生猪产业的持续健康发展，必须要加强各环节、各主体之间的联系，实现产业链的纵向一体化。加强农民与农民合作社、龙头企业的联系，提高小农散养户的凝聚力，将分散的小农力量集中起来形成经济实体，最大化地发挥出小农散养户的作用。还要提高农民获取信息的能力，建立良好的信息服务体系，使农民能够快速、准确地掌握市场动态，降低信息滞后带来的成本，尽可能地让散养户进行集体活动，以实现协调共进的目的，同时还有利于信息的流通，实现信息共享。信息获取能力的提高有助于各经营主体有依据地做出调整，抵御市场风险，适应市场变化，维护整条产业链的利益，促进生猪产业长远发展。

第四，强化企业的联合效应，实现规模生产，带动产业融合。龙头企业应发挥引领作用，带动小型经营主体参与规模生产，汇聚小众力量，将优势集合起来，实现集约化生产，提高产业链的运行效益。支持龙头企业快速发展，助力龙头企业提高经营管理水平和专业能力，实现龙头企业进行大规模、高质量生产。参与生猪产业链的龙头企业可以互相联合，提高竞争力，实现资源共享以提高资源的利用率，形成协调共进的联动关系，使各参与主体之间的联系更加紧密，创新打造生猪行业与其他产业融合的新模式，推动生猪产业向着高度集约化的方向发展，推动产业融合发展的步伐。

第五，农业行业内部融合，增加价值链提升。在农业产业内部建立联系，通过合理布局，建立上下游之间的联系，提高资源利用率，促进农业增效。为了创造良性的生猪产业链，首先要对养殖产业进行改进，促进生态养殖模式的发展。在养殖环节中，采用健康绿色的饲料，提高防疫水平，保证高质量的生猪供给。养殖场产生的猪粪可以用于制造有机肥，实现资源的有效利用，促进农业内部融合发展。生猪产业会涉及环境污染的问题，因此生猪产业应该向郊区转移，并提高垃圾处理能力和污染处理能力，使生猪产业实现绿色长远发展。

第六，合理分配利益，保证产业融合的稳定持续发展。各环节稳定衔接的基础是产业链中利益能够进行相对公平合理的分配，各环节参与主体之间的合作也需要利益分配平衡。生猪产业在发展进程中，参与主体的利益需要得到一定的保证。只有完善生猪产业链的利益分配机制，才能使各参与主体之间的联系更为稳固。只有建立起风险共担的产业链，才能有效化解各种风险和危机，实现生猪产业的持续健康发展。在保证好各主体利益的基础上，加强合作关系，促进利益联结程度的进一步提升，建立起合作共赢的良性发展关系。

二、农业产业交叉型融合模式

产业交叉型融合模式是指第一产业、第二产业和第三产业突破产业界限进行交叉融合，产业边界逐渐被模糊，产业内的要素进入其他产业发挥功能。农业产业交叉融合中，一三产业融合即农业与服务业的融合最具有代表性。

（一）农业产业交叉型融合模式内涵

农业产业交叉型融合模式是指以农业为中心，进行产业联动、交叉融合，开发农业的生态、文化、休闲、社会等功能，开发休闲农业等农业新业态。这种模式可以激发农业的多功能属性，充分调动农业资源，促进就业，增加农业增值环节和空间，为农村带来更多的发展机会。例如旅游农业、体验式农活、观光农业、文化教育的发展激发了农村的潜在活力，为农业农村现代化建设做出了贡献，促进了农村产业融合的发展。

（二）农业产业交叉融合机理

农业产业交叉型融合模式中，农业产业和旅游产业融合最为典型。现在，以休闲农业、养老农业为主的交叉融合也是比较常见的形式。伴随着产业融合的推进，农业的功能开发出来，社会需求会被放大，农业与服务业的相互融合是必然趋势，是农业农村发展所必需的。农业想要获得更好的发展，就需要与服务业实现深度融合，并相互促进，交叉融合为农业提供了重要的服务支持。

1. 农业产业交叉融合原因

产业交叉是指通过产业间功能的互补和延伸实现产业融合，通过产业融合可以改变农业功能单一的现状，开拓农业的文化传承、休闲旅游、生态保护功能。融合体现了农业、工业和服务业之间互相跨越产业边界进行改变的过程。农业产业交叉融合是农业的发展需求，构建横跨农村产业融合生产、生活、体验和生态功能的产业体系，带动与农业多功能性相关的消费需求扩张，提升经济效益。

一二三产业中的某一要素突破产业壁垒，进入另一产业实现功能发挥和带动融合的作用，可使农村产业融合得到有效发展。农业与服务业的融合产生了休闲农业，休闲农业出现的本质原因仍然是农业与服务业发展的需要。

2. 农业产业交叉融合过程

农业产业与旅游交叉融合，农业发挥出其拥有的文化、教育、体验、观光、疗养等功能，促进了休闲农业的形成，同时带动了独具特色的、承载文化的乡土特产、旅游纪念品的发展，旅游产业链得到了有效的延伸与拓展，农业多功能也得到了进一步挖掘。在农业生产过程中，农业的种植就产生了以田园风光为核心的观光、采摘的乡村旅游业态；在农产品加工过程中，以农业为基础生产极具特色的乡村农副产品、旅游纪念品和文化传承手办等，成为农村旅游的资源。一三产业融合现如今已逐步发展为以发掘农村资源为中心，以开发乡村特色为重点的休闲农业模式，延伸至生态保护、康复养老产业。休闲农业将农村特有的民俗民风、优美风景、历史底蕴、乡村文化融入农村宣传中，提升了农村的文化内涵，将农村的发展潜力发掘出来，为游客提供了更好的旅游体验。如今农村旅游业的发展重点仍然集中在资源开发上，农村蕴含着巨大的潜力，农业蕴含着多种功能，但潜力和功能并未被充分开发，休闲农业的服务质量仍有提升空间。

3. 农业产业交叉融合结果

农业产业交叉融合是产业交叉融合、相互改变而形成的，这一模式能够为一二三产业注入新的活力要素，互补短板，共享资源，实现产业的融合发展。农业与服务业的融合结果表现为农业发挥出了其多功能性，休闲、观光、文化、教育、疗养等多种功能被开发出来，这些要素的激发唤醒了农业发展的活力，同时服务业也得到了新的发展机会，例如特色农产品和旅游纪念品的销售、农村康养服务产业的出现、农村旅游业的发展等。农业产业交叉融合以利用农村资源为基础，将服务业的活力要素融入农业，创新农业发展新模式，推进各类休闲类农业的开发，带动农户的增收。新模式的出现能够带动产业链的延伸和创新，相关配套服务会随之发展起来，有利于农业发挥出其内在潜力和蕴藏的功能。休闲农业的发展，带动了农村住宿、餐饮、娱乐、购物等行业的发展，与之相关的配套服务逐渐发展起来，农业农村的潜力也会被渐渐发掘出来，同时新的农业产品将会随之产生。

（三）农业产业交叉型融合模式实例分析

1. 农旅项目的情况说明

随着经济发展，近郊休闲农业、乡村旅游发展迅猛。国内常见的农旅项目形式有田园农业旅游模式、民俗风情旅游模式、农家乐旅游模式、村落乡镇旅游模式、休闲度假旅游模式和科普教育旅游模式六种，以下依次进行介绍。

（1）田园农业旅游模式。以农村田园风光和农业生产活动吸引游客，开发田园农业游、牧业观光游、花卉体验游等不同的主题旅游形式，满足游客欣赏自然风光、体验农业的心理需求。

（2）民俗风情旅游模式。以地方特色的农村风土人情、民俗文化吸引游客，通过民间歌舞、服装礼仪、节庆活动等形式充分展示农村的农耕文化、民俗文化、乡土文化和民族文化，推广农村旅游。

（3）农家乐旅游模式。近郊农民在自家庭院，以特色美食、亲子活动、自然风景吸引游客前来吃、住、玩、游、娱等。

（4）村落乡镇旅游模式。以古村的宅院建设和历史文化为契机，如古街、古寨、寺庙、园林等，开发观光旅游。

（5）休闲度假旅游模式。依靠农村优美的环境、齐全的设备、周到的服务，结合田园景色和乡土文化，兴建一些集休闲、度假、餐饮、娱乐、购物一体的综合性生态度假场所。

（6）科普教育旅游模式。通过农业观光园、科技生态园、产品展览馆、农业博物馆的形式，向游客展示农业历史、农业科技的旅游形态。

2. 农旅项目存在的问题

农旅项目在近几年得到很大发展，但不可否认，目前中国农旅项目仍然存在一些问题。

第一，农旅项目产业融合发展层次较低。现在国内农旅项目发展还处于初级阶段，主要以田园农业旅游模式和休闲度假旅游模式为主，民俗风情、村落乡镇、科普教育旅游模式的发展相对薄弱。总体来看，农旅项目以资源硬件为主打，文化这一软实力不强。近几年，因受到疫情影响，游客短途、近郊旅游的需求旺盛，市场份额逐渐增大，但从长远来看，农旅项目的持续动力不足。

第二，农旅项目产品单一、缺乏创新，管理粗放，部分创新能力不足。国内农旅项目呈现爆发式增长，类别较多，但是每种产品形态相对单一，缺少农耕文化内涵和地方特色，缺乏创新性业态，旅游产品同质化严重，无法体现地方文化特点，引起无序竞争；大多数农旅项目因受时间和空间限制，农民自主经营或者投资者建设一般规模较小，分布零散，未形成规模，缺乏规模化管理，产品质量、服务水平偏低，配套设备没有跟上，甚至有漫天要价、宰客的情况出现，给游客留下不好的印象，无法推进品牌形象建设，难以保障农旅项目的长远发展。

第三，农村产业融合配套不够完善。如按国土资源部规定，以农业为依托的各类场所需按建设用地进行管理，农村产业融合开展农旅项目难以正常实施；农村的金融机构数量有限，金融产品的执行情况参差不齐，农用土地和各类设施不能抵押，借贷融资难以获取，农旅项目的呈现效果受到影响；农村的交通、餐饮、住宿、安全、医疗等方面的基础建设相对欠缺，道路建设落后，停车场少，路标不规范，餐饮卫生、住宿条件相对较差，文化讲解不到位，医疗保障跟不上，总体体验感较差，难以支撑农旅产业融合的发展。

3. 农旅项目的改进措施

第一，提升休闲旅游和文化结合，提升软实力水平。农旅项目拼的不是硬件，而是软实力。硬件设备哪里都可以复制，简单的融合如园林观光游的形式毫无特色，农村的农旅项目一定要有文化元素的内涵，设定鲜明的主题，营造良好的氛围，将文化创意融入自然风景和农耕劳作，树立差异化的品牌形象。个性鲜明、定位准确的文化主题能给游客特别的体验，吸引游客的注意力，使其留下深刻的印象。文化品位的提升才是农旅项目的深层次融合，农旅项目才能在旅游业占有一席之地。

第二，寻找特色农业切入，加强创业创新能力。农旅项目要找到自己的特色（产品特色、地域特色、体验特色等），如江苏南京的秦淮灯会、江西景德镇的古窑红店、福建龙岩的永定土楼。为彰显自身特点，树立独特的品牌，带动农旅项目的发展和推广，区域要探索开发旅游重点项目和精品路线，将农旅项目和红色旅游、生态旅游、康养旅游等结合，拓展农旅项目的产品体系。农旅项目需要创新业务形态，区域有农产品、历史文化、非物质文化遗产等先天优势的，深度开发，策划宣传；区域没有特殊优势的，可以通过展现形式，如文化展出、摄影展览、农业竞技、学术研究等系列活动吸引相关爱好者，从而扩大景区影响力。区域农旅项目应整合资源，集中管理，加强规范，提高服务水平。

第三，加速农村产业融合配套设施建设。地方政府在土地和资金方面，采取特事特办的方法，在不违背国家政策的前提下，给农旅项目亮绿灯，保证农旅项目的落地和推进；地方政府统一协调好农旅项目和相关部门（如交通部门、娱乐场所、饮食经营单位）的衔接工作，为农旅的开展提供便利；地方政府要加快农村基础设施的建设，如加宽道路、设置路标指示牌等，给游客提供较好的旅游体验，才能保证农旅项目的开展。

三、高新技术渗透型融合模式

高新技术渗透进农业是其他产业的先进技术要素跨越产业边界融入农业并改变农业产业链条的过程。这种融合模式的主要表现形式是高新技术要素融入农业产业进行发展创造，带动农业产业向着高科技、高水平方向发展。高新技术渗透型融合模式能够将信息技术带给农业，例如大数据的运用、互联网的普及等，这些技术的发展有利于推进农业现代化建设，助力农业产业与时俱进，主动跟随现代技术发展。随着信息产业的发展以及科学技术的突飞猛进，农业与先进技术的融合势不可挡，先进技术的融入使农业产业得到改变，同时可创新农业发展的模式，为农业创造新的机遇，催生出新的农业产品，使农业服务质量得到提高。先进技术可对推进农业产业的升级和发展起到至关重要的作用。

（一）高新技术渗透型融合模式内涵

高新技术渗透型融合模式中，先进技术要素突破产业壁垒渗透进入农业，在农业产业中发挥其自身功能，创新、发展和融合，带动农业现代化发展。科学技术与创新发展息息相关，高新技术的融入能够提升农业的科技创新能力，农业对高新技术的接纳与吸收更能够使农业从自身内部主动发展创新，有助于加强农业产业融合的深度开发。信息技术不仅可加强一二三产业间的联系，还可提升农业的服务质量和发展质量。科学技术的渗透不仅可发挥自身的功能，还可为农业产业中的各个方面带来创新和活力。现代信息产业可通过其先进性、渗透性为农业带来高新技术，带动农业实现创新发展，农业的高质量发展也为信息产业的扩张奠定基础，促进信息产业与农业的深度融合，催生出农村电子商务、农业众筹等众多农村新业态。

（二）高新技术渗透型融合机理

高新技术作为推动产业发展的关键要素，在产业促进和融合方面起着重要的渗透作用。例如农业生产的机械化、自动化，农业设备的智能化，物联网和互联网技术的应用，大数据信息分析技术的应用，运用先进技术实现对农业生产的全面监控追踪，让农业变得更加先进，以保证农业产品的安全和质量。此外，农村电子商务的发展也是信息产业与农业互相融合的表现，这一新业态的出现不仅促进了农业产品的销售、拓宽了农产品的销售渠道，还有助于农村产业融合的迅速发展。先进技术应用渗透，对农业产业的发展影响深刻，推动着产业融合，促进现代农业结构转型升级。

1. 高新技术渗透型融合原因

高新技术渗透型融合模式主要表现为先进技术要素融入农业，发挥创新创造、带动发展的功能，并对农业产业链进行改变。在农村产业融合发展中，这一模式产生的主要原因是先进技术要素的主动融入，改变农业生产现状，促进农业产业结构升级，提升农业产业链现代化水平。生物技术、工业技术、信息技术等突破产业壁垒融入农业产业进行渗透扩散，并基于农业产业链发挥自身功能进行创新发展，提升农业现代化水平。其中，高新技术渗透型融合最为普及的是农业信息化的融合，农业与信息产业的相互融合是高新技术渗透进农业的体现，信息产业中的现代科学技术以信息网络为基础，跨越农业产业边界应用到农业产业链中，进而促进了农村产业融合新模式的出现，以及农村电子商务等产业的发展。

2. 高新技术渗透型融合过程

高新技术渗透型融合模式中，先进技术融入农业产业，渗透进农村资源的开发、农产品的加工和农产品的销售的各个环节，改变农业产业链。农业产业是一个较为庞大且发展程度相对有些落后的产业，但是庞大的产业为高新技术的发展创造了巨大的空间，发展程度的落后也为高新技术的施展创造了机会。农业产业中与先进技术进行融合的项目更有利于加快自身的成长发展，这些项目也将实现自身发展模式的创新，先进技术要素也将以这些项目为核心逐渐向周围扩散，从而带动整个农业产业与信息产业进行融合。生物技术渗透进农业产业，主要体现为品种培育，提升农产品的品质和种类，改善农产品的生产效率，加快农产品的更新迭代；工业技术渗透进农业生产，依托先进工业技术和工业设施，控制和改变农耕的环境、空间和方式（如无土栽培），采用工业化流程、标准化生产，摆脱农民靠天吃饭的种植现状，提高农产品的生产效率，催生出工厂化农业新业态；航空技术渗透进农业生产，有效进行农业生产的过程性监控,使农业精准管理、高效产出,提高农业生产的稳定性;信息技术渗透进农业生产主要体现为电子商务,通过互联网平台扩大销售,为农业产出提供了更全面的销售渠道。高新技术渗透型融合模式创新了农业发展模式,同时催生出了多种农业新业态,使农业变得更加现代化。

3. 高新技术渗透型融合结果

高新技术渗透型融合模式带来的最为明显的结果是科学技术与农业相互融合、共同发展,技术要素突破产业壁垒并以农业产业为应用平台实现自身功能的发挥。农业产业链中的农产品生产效率提高,生产质量得到保证,加工技术提升,有利于农产品加工业由初级加工向精深加工转变,提升农副产品的质量。技术要素在渗透的同时能够促进农村电子商务的发展和信息技术的应用,使生产模式、营销模式实现创新升级。总而言之,高新技术渗透型融合模式带来的结果就是科学技术在农业产业中的应用、渗透和扩散,农村物联网、电子商务的发展都是信息产业与农业相融合的体现。

(三)高新技术渗透型融合模式实例分析

高新技术渗透型融合值得一提的就是电子商务对农业的助力。互联网的普及,改变着人类生产和生活方式,电子商务改变了农业传统的销售方式。农业一直存在着流通环节多、交易成本高的问题,可通过互联网和通信技术,及时掌握市场行情,帮助农民了解变化莫测的市场,降低农业生产种植风险,促进标准化、产业化,拓展市场销路,增加农业效益。

1. 农业电子商务的问题

第一,农村思想观念传统,电子商务发展受限。由于文化程度、经济发展、地域差异等因素,农村的生活水平相对落后,观念相对保守,对新鲜事物的接受程度有限、操作能力有限。对于农民来说,他们更习惯传统的纸币交易的方式,对于网上销售、网络支付等缺乏信任,即使部分尝试电子商务销售者,操作水平、网络营销水平有限,导致电子商务的推广受到一定限制。农村电子商务服务的组织较少,很难实时传播先进的农产品的供给情况、市场价格,指导农产品的生产销售。电子商务通过网络进行销售,风险性比传统交易大一些,而农民主要依靠农产品销售度日,承担经济风险能力偏弱,使电子商务在农村的发展受阻严重。

第二,农产品物流体系不健全,成本高。农村相对偏远,基础配套设施不齐全，造成农村电子商务物流配送难度大。物流公司的配送服务不能做到全覆盖，对于偏远地区、山区，尤其是交通不便的地方，物流无法达到，影响电子商务充分发挥其效用。林业、渔业和采集业的种植较为分散，越是条件恶劣的地方，产品越有特色，但这会造成物流难、成本高的情况。如果农产品需要保鲜、冷藏，物流更难发力。农村硬件技术设备有限，对物流要求更高，会增加电子商务发挥作用的难度。物流是电子商务的支撑力量，健全农村的物流体系，强化物流配送是首先要解决的问题。

第三，农产品不具独特性。电子商务无处不在，但它只是销售渠道拓展的一种方法，最为核心的还是农产品本身，具有市场需求、品牌号召力的农产品才能通过电子商务的加持，崭露头角。然而传统的农产品品种单一，同质化严重，无品牌号召力，附加值低，导致销售无明显增加。天猫、淘宝、京东等电子商务平台，农产品商品琳琅满目，相同农产品同一地区的卖家数量很多，产品看不出差异、相互压价，买哪一个对需求者来说根本不明确，以致限制了市场需求，流失了网络销售量。

2. 农业电子商务的改进措施

第一，加大政府部门支持力度。国家持续关注农业电子商务的发展，大力扶持，政策引导其快速发展。近年来，国家统筹布局，文件频出，如2019年印发《关于实施"互联网＋"农产品出村进城工程》指出：组织实施"互联网＋"农产品出村进城工程，做好产前、产中、产后全产业链的数字化，建立适应农产品网络销售的供应链体系、运营服务体系和支撑保障体系，推动解决农产品"卖难"问题，优质优价带动农民增收，加快传统农业的变革和升级，推进智慧农业进程。

第二，加强农业电子商务宣传，提高认识。农业电子商务可降低农业生产风险，拓展农产品销售渠道，提高经济效益，促进相关行业发展。政府部门或民间组织应加强农业电子商务的宣传，让农民从意识上接受、从行动上尝试、从操作上熟练掌握，推动全民皆可电子商务；做到用市场需求引导生产行为，优化产业结构，合理配置生产要素，及时传递需求信息和供应商信息，拓展传统的买卖方式，减少中间商环节，提高供需效率和质量，保证农产品的利益留在农民手里。电子商务可以帮助农民发挥资源优势，实现跨越式发展。

第三，加快农村物流体系建设，力推农业电子商务。鼓励地方物流公司的创办和运营，提高农村地区物流网络节点的覆盖面，全力做到全覆盖，特别是偏远地区、山区的物流建设，保证农业电子商务的开展；城镇和农村的环境因素不同，尝试打造农村物流运营模式，推广城乡统一配送、集中配送，整合农产品供应链资源，提高物流营运管理水平；加强农村物流信息化建设，对信息进行整合管理，提高农村的数字化、信息化进程。

第四，深挖农产品特色，打造一线品牌。农产品生产前期：挖掘资源，整体规划。加强特色农产品品种的筛选，挖掘、培育新品种，优化本地产品定位，制定可行的发展规划。农产品生产期间：充分发挥地区位置、自然资源优势，带动特色农产品的标准化、规模化生产。农产品生产后期：掌握市场需求情况，准确市场定位，明确消费群体，加强包装和开发，赋予概念和文化，增加附加值，大力宣传，树立特色农产品品牌，通过电子商务创新拓展销售渠道。

第四章 农村产业融合发展的载体建设

农村产业融合发展的载体建设可以概括为"五体系一平台"。支撑体系建设是在农村产业融合发展已开展工作的基础上,进一步建立和完善金融支持体系、农业社会化服务体系、农村"双创"服务体系、农村电子商务服务体系、农村公共服务体系等体系和农村公共服务平台,加快形成一批可复制、可推广的典型模式,为深入推进农村产业融合发展提供借鉴和支撑。

第一节 农村产业融合发展的金融支持体系建设

作为产业发展的核心和血脉、动力和助力,金融支持是推进农村产业融合发展的重要手段,对推动农村产业融合发展能够起到关键支持作用。产业兴旺的外在表现形式就是各类经营主体的发展,需要强有力的金融政策支持,引导农村产业融合发展扶持政策与信贷资金有效对接,发挥扶持政策的撬动作用,解决农村产业融合融资难的问题。这是创新政府服务方式、提高服务水平的具体体现,更是推进农村产业融合发展取得实效的有效途径。

一、农村产业融合发展的金融诉求

农村产业融合发展中,融资难、融资贵等问题亟待解决。国家实施"百县千乡万村"示范工程,联合印发了《关于政策性金融支持农村一二三产业融合发展的通知》和《关于政策性金融支持农村创业创新的通知》,协调中国农业银行、中国农业发展银行给予融合主体信贷资金支持,带动政策性金融投入。与国投创益产业基金管理公司签订战略合作协议,积极争取产业发展基金支持。金融支持农村产业融合发展,涉及多个主体、多个产业,对金融的需求表现出多层次、多样化的复合型特点,资金需求量也呈现出大额化、长期化特点。金融支持农村产业融合发展,关键要形成适应产业融合发展、农业现代化发展的特点和需求的金融体系。

第一,体系重构。主动适应新产业、新业态、新主体的金融需求,优化农村金融体系,强化政策扶持力度,增强对金融机构的激励和约束,逐步形成政策性、商业性、合作性金融机构功能互补,银行业与非银行业金融机构协调互促,政府部门、金融机构、社会组织、农业经营主体密切互动的多层次、多元化、复合型支持体系。以具有政策支持、市场监管等功能的政府部门为引领,农业经营主体为中心,社会组织参与,银行业金融机构为核心,非银行业金融机构为中坚。充分发挥政策性金融机构的主导作用、商业性金融机构的支撑作用,以及合作性金融机构、互联网金融的辅助作用。

第二,服务对象瞄准。对于是否属于农村产业融合发展,由政府部门、金融机构、农业经营主体、社会组织等单独或联合进行评判认定,有针对性地提供金融支持和服务。金融支持必须瞄准一些具有广阔发展空间、辐射带动能力强、与农业农村农民联系紧密的新兴产业和新兴业态,聚焦于资金需求强烈、成长性较好、还款能力较强、示范带动作用突出的主体,以更好地发挥金融支持的作用,如图4-1所示。

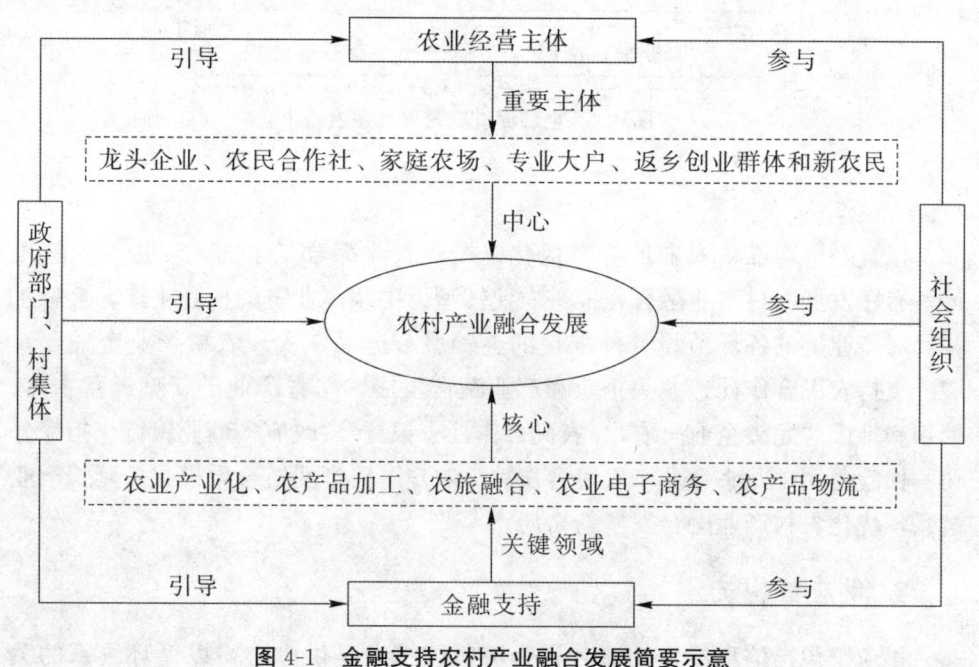

图 4-1 金融支持农村产业融合发展简要示意

二、金融促进农村产业融合发展的机理分析和框架构建

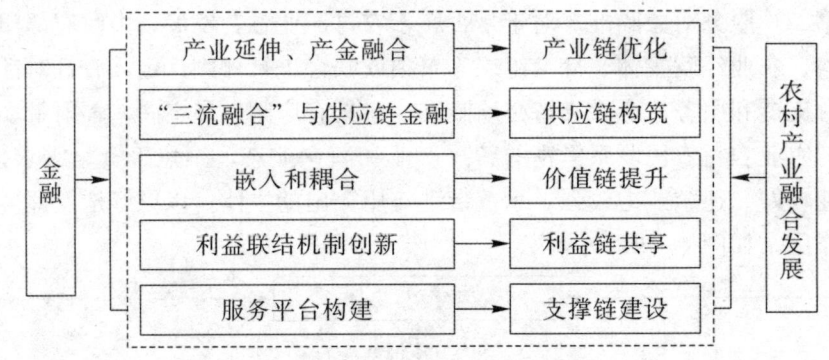

(一) 金融促进农村产业融合发展

农村产业融合过程中的融合对象是产业链、供应链、价值链、利益链和支撑链,各链条发挥功能,良性互动,最终构建一个有机联系的融合体。金融机构贯彻中央"三农"改革发展战略部署,要求从"五链"视角去创新金融服务,支持农村产业融合发展,如图4-2所示。

图 4-2 金融促进农村产业融合

1. 产业链优化

以金融资本推动农业产业链优化,提升农业综合竞争力,促进产业链延伸,有序发展农村产业融合,推进农业转型。围绕产业链的核心主体,金融机构针对产业链的各环节设计标准化的金融服务产品,实现农村产业金融合发展。支持农民合作社、龙头企业和产业集群发展,培育产业链新型经营主体。创新和推广"龙头企业+农户/农民合作社+银行""政府+商业银行+担保公司+保险公司+龙头企业+农民合作社+农户"等产业链金融模式。延长产业链条,优化农村产业融合发展新格局。

2. 供应链构筑

供应链包括信息流、物流和资金流,这三者是供应链得以循环维系的关键。通过对"三流融合"的管理,提高其流动效率,提供共赢的融资服务。作为供应链融资的主导者,金融机构顶层设计融资方案,创新信贷模式与互联网技术,实现供应链全流程融合,促进要素有效集成转化,促进产业融合发展。

3. 价值链提升

推进农业价值链的嵌入和耦合，通过财政金融支持产业经营和高值农业，发展休闲生态农业、特色农业，打造农业品牌，深化农产品加工，提升价值链，构建多层次的三产融合体系的顶部地带，扩大农业增值空间，创新农村经济增长机制，促进三产融合发展和农村经济转型发展。

4. 利益链共享

利益链共享的核心是资源交换和利益整合，推进"保底收益+按股分红"、要素入股等联结方式，创新农户利益联结机制。通过"三变"机制，让农民对融合项目的运营管理和收益分配有话语权，且获得产业链增值收益。金融机构参与设立专门基金，投资参股支持产业融合，加大对涉农企业贷款额度、贷款期限和利率优惠等方面的支持。创新组织模式和利益链共享机制，真正实现"利益共享、风险共担"。

5. 支撑链建设

通过采取财政扶持、信贷优惠、税费减免等措施，金融支持农业社会化服务体系、农村创业服务体系与电子商务服务体系等支撑链体系的构建与完善，促进三产融合。引导金融机构联合大型电子商务平台、国家社会信用信息平台和信用信息服务平台。加强农村与金融部门、创新基金、风投公司等合作，搭建对接平台，拓展农业信贷担保体系支持范围。

（二）金融促进农村产业融合的框架构建

金融支持下市场资源配置应与政府宏观调控有效衔接，顶层设计与因地制宜相结合，发挥农业部门行业管理、组织协调优势和金融机构资金优势，搭建银企对接平台，加大政策扶持和金融服务力度，协同直接融资与间接融资，专项服务与综合服务并驾齐驱，为农村产业融合发展提供有力支持。

1. 金融支持农村产业融合发展的重要主体

金融支持不能"撒胡椒面"，必须抓住重点，聚焦于农业产业化经营组织，培育出具有市场竞争力的、能让农民得利的农业经营主体。重点关注省级以上龙头企业和乡村休闲旅游示范点、家庭农场和农民合作社、农业企业。加大支持返乡农民工、大学生、退役士兵、新型职业农民、农村工匠、新产业和新业态的创业群体及新农民等创办领办家庭农场、农民合作社和小微企业等市场主体的力度。

2. 金融支持农村产业融合发展的关键领域

发展设施农业、规模种养业、农产品加工业、民俗民族工艺、乡村休闲旅游、农产品电子商务、养老家政等农村产业,创新金融产品与金融服务。重点关注具有生长活力且能让"三农"分享产业融合红利的新产业和新业态。金融支持的关键领域包括农业产业化、农产品加工、农旅融合和电子商务等。一是农业产业化是金融支持三产融合发展的核心领域。优先支持新型经营主体利用"四荒地"开展农村产业融合活动。优先支持龙头企业上市融资、发展产业链金融。扶持农业企业加大对企业基础设施的建设,提高产业竞争力与效益,实现农产品的提档升级。二是农产品加工业是金融支持三产融合的重要业态,关键是降低融资门槛。重点支持农产品加工流通企业与农户联合建设原料基地和营销设施。三是农旅融合是三产融合发展的重要内容,金融重点支持乡村休闲旅游。金融机构先期对基础设施和配套服务设施进行引导、支持,支持休闲农业与农户联合建设公共服务设施。四是金融支持着力于农业电子商务市场主体的培育,以及线上线下的基础设施建设。农产品物流中仓储流通技术和设施装备需要更多政策性金融支持。

3. 金融支持农村产业融合发展的创新模式

因地制宜地探索多种模式支持农村产业融合发展。一是产业链金融模式。农户提出贷款申请,由金融机构、龙头企业以及担保机构共同审核,担保机构提供担保,通过回购协议或反担保协议来规避信用风险。金融机构将贷款发放给龙头企业,由企业发放给农户或购买农资。企业收购农产品后优先偿还贷款资金,再结算农户的贷款。二是内部信用合作模式。由从事农村产业融合发展的农民合作社或产业联合体成立信用合作机构,成员以现金入股,自愿参与信用合作,年终分红。合作成员共同出资、互助使用,形成方便、灵活的金融支持模式。三是"政银保多位一体"模式。由政府基金或者财政性担保机构提供担保,由保险公司提供经营产业保险和贷款保险,从业主体向银行申请贷款,社会机构提供借款人信用等级、抵押物等评估服务。担保机构、保险公司、银行和社会组织共同分担风险。此模式可获得多主体、多产业交叉融合的红利。四是政策性发展基金模式。政策性发展基金直接为农村产业融合发展投入资金,拉动金融资本和社会资本。五是互联网金融模式。以互联网为平台,通过众筹等融资方式，为农村产业融合发展主体提供资金，获得分红或商品及服务。无须担保，实现资金供需双方的直接对接，降低融资成本。

三、金融支持农村产业融合发展的政策建议

（一）统筹规划金融支持下的产业融合布局

一是统一规划和布局，明确职责分工，细化任务，落实责任。从金融支持体制看，将政策性金融体系和商业性金融体系放在现代化的战略层面上，纳入供给侧结构性改革的系统工程。从金融支持流程看，在金融支持的审核内容基础上，应增加是否属于农村产业融合发展的评判。从金融支持作用机制看，应以银行业金融机构为核心，以政府部门为引领，形成金融支持的长效机制。创新资金使用机制，促进部门沟通协调和区域统筹发展，提高金融资源的运用效率。改进农村金融服务基础设施和支付环境，推广手机银行、网上银行等支付手段，降低金融服务成本。建立农民合作社评级授信体系，将涉农保险投保情况作为授信参考要素。二是开展农村金融体系改革，强化县乡金融服务。因地制宜地建立农村金融体系，结合普惠金融、科技金融、绿色金融等，加快县域金融发展。鼓励县域法人金融机构加大对县域经济发展的资金投入力度。实施县域金融机构涉农贷款增量奖励和新型农村金融机构定向费用补贴，鼓励其扎根农村。鼓励银行业金融机构设立。鼓励省内外符合条件的银行业金融机构发起设立村镇银行，鼓励社会资本参与村镇银行的设立和增资扩股，实现村镇银行县域全覆盖。完善农村金融服务体系建设资金，健全金融服务站运转长效机制，拓展服务站功能，提升服务站服务效率和质量。

（二）创新金融产品，改善金融服务

1. 创新信贷类金融产品

鼓励银行、担保、保险围绕品牌打造等联合开发系列产品，满足农业新型经营主体的资金需求。在风险可控的前提下，鼓励各金融机构向符合条件的农业企业发放订单质押、信用联保贷款。创设中长期低息贷款品种，加大对农村大型基础设施建设的信贷支持力度。针对新业态创新信贷产品，开展农业产业链和供应链金融服务，探索设立原料收购贷款、休闲农业经营户贷款、电子商务贷款、仓储物流专项贷款等产品。创新抵押方式，运用农地承包经营权、农住房财产权、农业机械、餐饮住宿设施等为标的的抵押担保方式，探索开展商标权、专利权、消费者订单等抵押质押物贷款。拓宽融资租赁范围，将农村产业融合的工厂化生产设施、加工仓储冷链运输设施、餐饮住宿设施、直销门店等纳入融资租赁范围。继续支持全国"两权"抵押贷款试点县建立农村产权交易平台，鼓励开展金融服务和产品创新。

2. 创新直接融资渠道

鼓励涉农上市公司增发、配股、发行优先股、可转换债券、可交换债券等扩大再融资。创新政府和社会资本合作，优先支持农村产业融合中基础设施的PPP模式。推动股权交易所和金融交易中心服务下沉，加大服务力度，开发适合涉农企业的股权和债权融资工具。

3. 创新非融资类金融产品

完善服务农业的融资担保体系。积极构建政府推动、市场运作、独立运营的省、市、县三级服务农业的政策性融资担保体系。支持农业政策性保险，完善现代农业保险体系。推动政策性农业保险和涉农综合商业保险共同发展。财政支持下继续推进农业保险扩面、增品、调结构，从品种、地域、投保户类型三个方面实行农业保险差异化补贴。重点支持区域公用品牌农产品保险，完善价格保险保费补贴制度。探索大宗农作物收入保险制度，探索"订单农业＋保险＋期货（权）"试点，完善巨灾风险转移分摊机制，鼓励地方发展农业互助保险先行先试。

4. 创新金融服务方式

成立专营机构，建立农村产业融合发展小微专业支行或小微业务部，深度开发业务，实行独立核算、审批和授信。建立绿色通道和协同服务机制，开展金融咨询和经营辅导，规范财务会计制度，合理安排产业链利润分配，明确融资计划。发展电子金融服务，提供电子银行、网络银行等支持农村产业融合发展。

（三）优化金融支持环境

1. 厘清各类金融机构的职能定位

在实施农村产业融合发展战略中，要明确各类金融机构的职能定位，发挥好各自的特点和优势。发挥好政策性金融的先导引领和示范带动作用,大型商业银行要立足普惠金融事业部等专营机制建设,完善专业化的"三农"金融服务供给机制,明确支农责任,重点在支持农村产业发展上发力。合作性金融机构要发挥机构网点优势,进一步下沉服务重心,把支持"三农"作为主战场,重点支持农村中小企业、新型农业经营主体和农户发展生产。

2. 健全财税和金融支持政策

强化差异化监管制度,完善风险分担和补偿机制,加强农村金融基础建设,完善农村产权交易市场,推动建立区域性的农村产权交易流转平台;大力开展农村信用体系建设,建立农户信用档案、失信行为通报和欠款追偿制度,构建守信联合激励和失信联合惩戒协同机制,加强地方金融监管机制和队伍建设,实现县域金融活动监管全覆盖,打造良好的金融生态环境。

第二节 农村产业融合发展的农业社会化服务体系建设

一、农业社会化服务体系的基本内涵

2017年8月,农业农村部和财政部联合下发的《关于加快发展农业生产性服务业的指导意见》指出,农业生产服务业是指贯穿农业生产作业链条,直接完成或协助完成农业全链条各环节作业的社会化服务。农业社会化服务体系的内涵特征具有演变性和阶段性。相对于农业生产经营过程,农业服务业现阶段逐渐成为独立完整的战略性产业,展示出日益丰富的内涵特征:从纵向的角度来看,农业服务业包括五类服务,即中间服务、人力资本服务、帮助产品价值实现的服务、为保障现代农业"三个体系"(产业体系、生产体系、经营体系)高效运转提供的服务、管理服务。从横向的角度来看,既可服务于"三生"(生产、生活、生态)和"三农"(农业、农村、农民),也可服务于城市。因此,要立足服务农业各产业、各业态,着眼于农业全产业链、全过程的需求,延伸产业链,提高价值链,保障供给链,完善利益链,节本增效,提供全方位、多元化、全覆盖的服务。

二、农村产业融合发展中构建农业社会化服务体系的缘由

（一）农业社会化服务业是农村产业融合发展的典型业态

坚持和完善农业生产社会化服务机制，服务领域既涵盖农（种植业）、牧、林、渔等各产业，也包括新产业新业态，围绕农业生产的产前、产中、产后等环节，集中连片地推进机械化、规模化、集约化的高效现代农业生产方式，探索生产托管、代耕代种、联耕联种等直接服务的多种方式，创新农机合作社、劳务合作社、专家大院、农业服务超市等新的服务组织形态。例如，智能农机可以与智慧农业、云农场深度融合，健全农业信息服务体系和农机作业及维修服务体系。"产前农资销售＋农药防控"有利于实现产前、产中融合。对于分属各环节的收割、脱粒、烘干、秸秆还田，机械作业可实现产中、产后融合。健全农业社会化服务体系，引导农村服务业市场化、产业化、社会化、网络化，优化农村服务业质量，推进标准化、品牌化建设。

（二）发展农业社会化服务是实现农业转型升级的引擎

农村产业融合发展的大格局下，更加重视延长产业链来提升价值链、实现农业产业升级和竞争力提高。农业社会化服务业快速突破分割式发展的低效率困境，以农业全产业链为基础实现链条式延伸，增强农业社会化服务系统化设计。瞄准需要服务的关键问题，拓展农业社会化服务领域，满足农业经营主体的社会化服务需求，促进农业产业链的各个环节和多个领域协同发展，创新服务方式，提高服务质量和能力。农业社会化服务发展有利于推动农业生产的高效化、集约化，促进农村产业融合发展。供销社、邮政公司、烟草公司等在农村持续创办公司、服务队、农民合作社等新型组织，通过整合农资、农技、农机、营销、金融等资源，实现服务链条纵向延伸、横向拓展。生产性服务业发展，既可把小农户带入现代农业产业链、价值链，也可促进各服务主体多元互动、优势互补，探索服务农户的不同模式方式，推动服务网络化和农业生产的高效化、集约化。

（三）农村产业融合发展确定了农业社会化服务体系的主要内容

农业服务业集聚了资本、技术和管理等现代农业要素，是高度市场化的社会化大生产，是"专业的人做专业的事"，是农业生产专业化和分工协作的深

化发展。一是推进农业全过程社会化服务。"全过程"社会化服务体系构建：创建区以大户、家庭农场、农民合作社、龙头企业等为主体，健全面向小农户的"五统一"（种植品种、肥水管理、病虫防控、技术指导、机械作业）的社会化服务体系，围绕农业产前、产中、产后各环节，提供专业化的专项服务和全方位的综合服务，重点聚焦农业市场信息、农资供应、农业绿色生产技术、农业废弃物资源化利用、农产品初加工、农机作业及维修、农产品营销七大服务领域，提供多样化的涉农产业服务，将小农户引入现代农业发展的轨道，如表4-1所示。二是健全农业结构调整的服务机制。当前农业生产经营服务体系有待健全，推动农村产业融合发展，要在产业结构和生产方式上革命。改革农业科技服务方式，推行技术帮扶，提高基层农技推广服务效果。制定新型职业农民培育跟踪服务管理办法，做好跟踪服务。探索发展区域特色农林产品生产社会化服务的财政支持方式，为拓宽农业生产社会化服务领域、开辟农业生产社会化服务市场积累经验。三是搭建区域农业生产性服务综合平台。创新农技推广服务机制，促进公益性农技推广机构与经营性服务组织融合发展，提供多形式技术服务。探索政府购买服务等方式提供公益性服务。支持农垦企业、供销合作社实施农业社会化服务惠农工程。

表4-1 农业生产性服务需要积极拓展的七个领域

社会化服务	主要服务内容
农业市场信息服务	提供重要农产品价格、国内外市场供求形势、市场运行风险等信息，农业信息化等
农资供应服务	提供集中育秧、供种、用种技术、兽药、农药和肥料集中配送等
农业绿色生产技术服务	深翻深松、秸秆还田、测土配方施肥、有机肥替代化肥、喷灌、滴灌、水肥一体化等农业节水技术。病虫害绿色防控，专业化动物疫病防治
农业废弃物资源化利用服务	病死畜禽收集处理，畜禽养殖废弃物收集、转化、利用；地膜回收，秸秆收储运，循环利用
农产品初加工服务	农产品加工储藏、烘干、保鲜、清选分级、包装等初加工一条龙服务
农机作业及维修服务	粮棉油糖作物、特色作物、养殖、耕种防收、产地烘干等农业生产全程机械化作业服务
农产品营销服务	预选分级、加工配送、包装仓储、信息服务、标准化交易、电子结算、检验检测等服务，产销对接、电子商务、质量安全追溯等

三、农村产业融合农业社会化服务体系建设的政策建议

第一,全方位提供农业社会化服务体系建设政策支撑。构建体系化支持政策,推动农业社会化服务体系不断完善,服务内容全面,服务标准健全,服务模式多样,服务效能高效,服务涵盖农业生产全程。培育市场化、多元化服务主体,扶持综合性农业公共服务组织;推动供销合作社、邮政与新型经营主体有效对接,向全程农业社会化服务延伸。深入推进"三项补贴"(农作物良种补贴、种植农民补贴、农资综合补贴)改革,将新增农业补贴重点向新型农业经营主体和服务主体倾斜,支持各级政府通过贷款贴息、项目补助、专项奖励等重点支持技术改造、标准化生产、规模化服务、创办品牌等领域。综合运用财政、金融、保险、税收等政策工具,引导金融机构、保险公司创新服务方式和服务产品,建立健全针对新型农业经营主体和服务主体的信贷、保险、税收支持机制。将新型农业经营主体服务带动农户的数量与成效,作为政策扶持的重要衡量标准,财政支农资金和项目审批、验收的重要依据。

第二,创新服务组织,提升农业社会化服务能力。完善经营主体与服务主体的扶持机制,着力培育壮大多种形式的新型经营主体,提升生产经营、市场开拓和组织带动能力。引导各类新型农业经营主体建立健全现代管理制度,完善内部运行机制,提高现代经营管理水平。强化新型服务主体的服务功能,引导各类服务主体根据比较优势、业务特征,选择特色主导产业,提供低成本、便利化、专业化服务。促进公益性服务和经营性服务相结合、专项服务和综合服务协调发展,强化农技推广、动植物疫病防控和农产品质量安全监管"三位一体"的公共服务职能,推动农业公共服务向乡村和经营主体延伸。支持农民合作社、农业龙头企业、专业服务组织等规模化集中供给服务,拓展服务的区域范围,提高服务的专业化程度。鼓励农民合作社跨区域、跨产业合作,鼓励企业通过订单农业、示范基地等方式,与家庭农场、农民合作社、农户建立稳定的利益联结机制,提高农业组织化程度。增强村集体农业社会化服务能力,充分发挥村级集体经济组织在组织农户实现集中连片经营、协调服务组织与农户关系、引导服务组织与农户签订服务合同、评价服务效果等方面的组织协调作用。

第三,加快服务体系建设,搭建农业社会化服务平台。充分发挥政府部门的组织优势和公益性服务机构的人才技术优势,实行部门联动、信息共享、分类制定方案等措施,构建中央、省、市、县四级的农业公共信息服务平台、智

能农业大数据平台、农产品对外展销信息平台以及集信息发布、农机调度、物流配送、金融保险等于一体的农业社会化综合服务平台。以农技部门、科研机构为依托，打造农业服务科技支撑平台；整合气象、水利、安监等部门资源，努力打造预防和应对气候变化、自然灾害、突发事件的农业服务安全保障服务平台；整合人力资源社会保障、农业、科技、教育等部门资源，完善农业科技服务网络，积极打造职业农民教育培训平台；加快智慧农业大数据平台建设，支持建立上下互通、部门互联、运行高效、便捷畅通的农业农村综合信息服务平台；鼓励发展专业技术协会、服务行业协会和区域联合协会，打造农业中介服务平台；构建区域性农业规模化服务综合平台，打造农业服务业的"滴滴农服"平台，促进农业服务业的快速发展。构建土地流转服务体系，建立土地流转合同网签管理制度和农地纠纷调解仲裁体系，健全流转服务中心、农村集体资产管理交易中心、农村产权交易中心等公开市场和社会服务机构。

　　第四，农村产业融合发展的农业社会化服务体系的支撑因素。一是完善现代农业市场体系。培育和规范服务市场，加快推进服务标准建设，推进标准服务合同、服务质量和服务价格等行业标准体系建设。以要素市场为基础，以农产品流通市场为重点，以大交通为依托，以多元化流通企业为主体，创新流通方式，构建统一开放、竞争有序、安全高效、城乡一体的现代农业服务市场体系。二是完善融合发展的组织体系。推进社会组织改革，规范性建设提升服务质量、效益，发挥涉农社会组织在农业社会化服务中的作用，发挥涉农行业协会商会在提供农业社会化服务中的重要作用。组建新农人联合会，建成"三农"新型综合服务平台，助推农业社会化服务体系建设。三是全面加强农业社会服务基础建设。改善农村基础设施条件，推动基础设施城乡联网、共建共享。对新型经营主体的烘干、仓储、机库棚、育秧棚等有服务功能的基础设施，加大支持力度。支持新型经营主体兴建上规模的区域性农业社会化服务中心，支持批发市场、冷链物流等农产品流通基础设施建设，健全以县以下物流节点为支撑的农村物流网络体系，推进农产品加工和冷链物流建设，开展农产品产地初加工示范基地建设，探索从源头至终端的冷链物流全链条监管机制。

第三节 农村产业融合发展的农村"双创"服务体系建设

一、农村"双创"和农村"双创"服务体系的内涵

按照党的十八大提出的实施创新驱动发展战略的决策部署，按照农业高质量发展要求，深入推进农业供给侧结构性改革，把创业创新引向深入，加快培育农业农村发展新动能。自党的十八大以来，"大众创业、万众创新"成为国家战略，农村经济新业态、新产业、新模式蓬勃兴起，城乡交流日益密切，"三农"政策支持力度不断加大，为农村就业创业提供了更多的机会和要素，为农民"双创"提供了更大舞台，推动形成了农村"双创"新热潮，形成要素聚乡、产业下乡、人才入乡和能人留乡的良性互动局面。全国返乡下乡"双创"人员逐渐增多。与此同时，社会资本加速下乡。2018年底，中央农村工作会议指出，要加快培育农村发展新动能，支持各类人才返乡下乡"双创"，拓展农村就业空间和农民增收渠道。让"双创"成果在农村厚土绽放，让农村成为"双创"的主阵地。农村"双创"是推进农业农村经济换挡升级的新引擎，是促进广大农民就业增收的新途径。

（一）农村"双创"的基本情况

党的十九大报告强调，要促进农村产业融合发展，支持和鼓励农民就业创业，拓宽增收渠道。加大对"双创"人员的支持力度，发挥创业、创新、创造潜力。《关于支持返乡下乡人员创业创新促进农村一二三产业融合发展的意见》《关于推动创新创业高质量发展打造"双创"升级版的意见》等文件，为农村"双创"提供了重要的机遇，创造了良好环境。一是"双创"主体不断增多，既有传统农业企业，也有房地产、电子商务等企业跨界投资。"双创"的农村对接主体越来越成熟，种养大户、家庭农场、农民合作社等新型经营主体蓬勃发展。二是领域不断拓展，覆盖特色种养、加工流通、休闲旅游、信息服务、电子商务等多领域，并呈现与科技紧密融合的发展态势。从市场容量看，生活在农村的人仍然较多。城乡居民消费结构快速升级，人们对绿色优质农产品、休闲旅游观光、农耕文化体验等需求越来越旺盛，为农村"双创"带来了无限商机。三是"双创"方式不断创新，50%以上的"双创"主体运用互联网等现

代信息技术，越来越多的农民工返乡创业，工商企业下乡创业创新，大学生"创客"、农村能人在乡创业，不少创客开设了分享农场、共享农庄。四是投资模式更加多样，通过订单农业、土地托管、土地入股等形式，带动发展适度规模经营。还有的由村集体牵头，吸引社会资本参加，发展餐饮、民宿、旅游，壮大村级集体经济。从投资潜力看，社会资本既可以投资乡村产业发展，又可以参与农产品仓储保鲜、冷链物流、高标准农田、农村污水处理等基础设施建设，还能发展农村产业融合发展的理论与实践规划、教育养老、乡村旅游、电子商务消费等服务业。五是"双创"的基础条件不断改善。农村交通、通信、信息等基础设施不断改善，物流运输更加便利。劳动、土地等成本相对较低，农村科教文卫等公共服务条件逐步改善，以全程冷链为代表的现代物流向农村加快延伸。

（二）农村"双创"服务体系的内涵

通过激发"双创"积极性和农村创造活力，强化农村"双创"服务要素保障，以创新促创业、以创业促就业，培育农业农村发展新动能，建立"双创"服务体系。一是包括项目考察推进、需求对接、个性化服务方案制定、实施效果评估、实施问题解决以及项目深度扶持、示范扩展与推广、项目整合链接等在内的完整的项目服务体系。二是健全农村"双创"人才聚集和扶持发展体系，着力引进经济、文化、科技、教育、卫生、公益等领域人才，实施新型职业农民"双创"培育、农技推广人才"双创"能力提升、农村实用人才培育等行动，健全农村"双创"主体培育体系。三是完善农村"双创"平台提升体系。打造乡村创业产业园区、乡村科技创新和成果转化平台、乡村创新创业孵化基地、创业大学引领平台、特色创业小镇、农村电子商务平台、乡村休闲旅游平台。四是完善农村"双创"环境服务体系。针对营商服务环境、金融服务环境、人才服务环境，发挥各部门的优势，创新管理机制，制定相应的配套政策措施。

二、农村"双创"服务体系支撑农村产业融合发展的机理

农村"双创"是推动农村产业融合发展的重要手段，是发展现代农业的不竭动力。农村产业融合是推动经济高质量发展的主攻点。促进农业三产融合发展，转换农业发展动能，搭建服务最便捷和最高效、产业集聚最强、服务功能最全的"双创"平台，寻找农民"双创"的新增长点。

第一,农村"双创"带动产业链分工合作,促进农村产业融合发展。引导广大"双创"主体将三产融合作为"双创"重点,推动传统种养向加工流通、休闲旅游、电子商务等延伸。"双创"资本正从种养业向"产+销"全产业链和三产融合转变,主要从事产前和产后服务,办农民"办不了、办不好、办了不合算"的产业,多办链条长、农民参与度高的产业,引导其更好地带动产业价值链升级和区域优势特色产业供给质量的提升,把就业岗位留给农民。并以订单、品牌和资本为纽带,带动农户进入产业链,与现代农业有机衔接,分享更多增值收益。

第二,农村"双创"新活力和合力,增添城乡融合发展新动能。一是农村"双创"推动城乡融合,架起城乡协调发展的桥梁纽带。返乡入乡人员利用积累的资金、技术、经验和市场渠道,在农业内外、生产两端和城乡两头创业,激发积极性和创造力,掀起农村"双创"热潮,会聚起全社会助农兴农的强大合力。二是技术与产业交互联动、深度融合,催生了大批新产业、新业态,有力地促进了城乡要素双向流动,引领带动农村健全现代生产经营方式、新商业模式和通达营销网络,推进城乡基础设施互联互通和城乡之间要素合理流动。"双创"营造了良好的营商环境和"双创"环境。"双创"直接组织各种培训、电子商务、数字乡村等"双创"活动,提升乡村发展整体水平,缩小城乡基本公共服务差距,实现乡村建设与城市共生共荣,这些正好与乡村产业振兴契合。

第三,农村"双创"推动农业农村经济新旧动能转换。一是农村"双创"可引领农业结构调整和绿色发展,有利于增加绿色优质安全农产品供给,提高质量效益和竞争力。用现代科技、生产方式、经营理念和先进要素改造农业,有利于提升农业标准化和品牌化水平,带动三产融合发展。二是"双创"平台提供农业农村发展新动能。农村电子商务、产业园区等平台,围绕农村电子商务、餐饮、娱乐等新业态,可催生新的商业形态和运营模式。农业信息化平台引领驱动三产融合发展。特色适用的农业信息新技术和农业农村大数据挖掘技术和云平台,有利于促进"三生"(生产、生活、生态)协调发展,为农村融合发展提供新动能。加强劳务输出服务平台、农民创业培训平台和就业服务平台等建设,有利于提高农民创业、就业、职业转换能力,推动"双创"服务全面升级。建设农业技术引进、应用和推广平台,建设农技研发、交易平台和成果转化基地,建立跨行业、跨部门、跨地域的技术交流、交易服务体系。三是构建农村"双创"的新商业模式,提供农业农村发展新动能。综合运用智慧、智力、智能等要素,创新农业综合服务模式,推广应用新技术、新模式,提供适合其经济形态的商业模式，让农民拥有造富的能力。

第四，推进三产融合，打造农村"双创"新的增长点。目前，要进一步挖掘"双创"新增长点，进一步发展新业态。按照农业高质量发展要求，引导"双创"主体将三产融合作为"双创"重点。农村"双创"为农业农村发展增添了新动能、新活力。引导能人返乡、企业兴乡和市民下乡，把智创、文创和农创引入乡村，支持农民工和"田秀才、土专家、农创客"等创新创业，在生产两端、城乡两头寻找新模式，丰富新业态，创新技术，转化科研成果，挖掘行动增长动力，带动乡村产业发展、农民增收致富。

三、农村产业融合发展农村"双创"服务体系建设的政策建议

全面完善的服务体系是创新创业的重要"助推器"。政府部门要充分发挥社会服务功能，为创新创业提供有效的公共产品。加强创新创业业务指导服务体系、创新创业考察学习服务体系、创新创业培训教育服务体系建设。突出需求导向、政策引路、农民自愿的原则，开展全产业链培养和跟踪服务。

（一）构建"大农业融合、大市场、大生态"理念

树立大农业融合发展理念，用三产融合的理念和思路开展"双创"，积极培育新产业、新业态、新技术、新模式。树立大市场抱团发展理念，通过联合与合作模式开展"双创"，组建合作制、股份合作制和股份制等形式的"双创"联盟，抱团闯市场。树立大生态绿色发展理念，把农业的绿色价值挖掘出来，生产各种绿色优质安全的农产品，提供更多清新的空气、洁净的田园，打造生产生态新景观。

（二）主力军培育是农村"双创"服务的重点

要把农村人力资源开发放在突出位置，打造新农民、新主体的生力军。农业农村部实施农村创新创业百乡千乡万名带头人培育行动，组织实施百千万农村创业创新人才培训计划。依托新农民、新主体，增强农民参与产业开发和创业就业的能力，培育农村"双创"主力军。以农村"双创"带头人培训等项目为抓手，以全国农村"双创"项目创意大赛以及成果展示展览为手段，实施新型职业农民培育工程，培育农村创业创新的带头人、导师人才。搭建能人返乡、企业兴乡和市民下乡平台，培养造就扎根农村的"土专家、田秀才"和农业职业经理人，壮大新型职业农民队伍，加强新型职业农民培训和农村专业人

才队伍建设。支持返乡农民工到县城和中心乡镇就业创业，引导农民工、复员退伍军人返乡创业，鼓励城市青年到农村创业。对中高等学校毕业生务农创业给予补贴和贷款支持，对立志贡献农村发展的农村生源进行降分录取、定向培养并给予学费或生活费补助，毕业后到农村基层就业，扎根农村，切实为农业、农村提供技术，成为农民科技的带头人、农村"永久牌"人才。鼓励公职人员和退休人员到农村任职或就业创业，发挥"新乡贤"作用。实施乡村就业创业促进行动，健全农村基层人才的激励机制和引进机制，引导"乡创客"创新创业，给农村发展增添新动能，直接催生出农村新的市场主体，成为农村"四新"的承担者、使用者，甚至是创造者。

（三）发展新产业和新业态是农村"双创"加速器

要打造产业链条，拓宽创新创业领域，鼓励在采摘分拣、物流保鲜、电子商务营销等环节开展创业创新，推进"农业＋"加工流通，推进"农业＋"生态环保，推进"农业＋"文化娱乐，推进"农业＋"特色工艺，重塑乡村产业形态，打造从低端到高端梯次发展的产业链条。积极支持特色农业，支持各类返乡下乡人员到农村创业创新，带动小农户发展特色化、小众化、中高端、高附加值的产业，共同分享农村"双创"成果。支持农产品初加工、精深加工、综合利用加工以及休闲旅游和电子商务等优势产业，努力发展农村"双创"新产业和新业态。依托信息技术发展新产业、新业态、新模式，打造农村电子商务、众筹农业、直播农业等新型智慧农业。推动"互联网＋"升级，培育中小微网商，催生网商企业家。培育发展网络化、智能化、精细化的现代乡村产业发展载体，善于运用互联网技术和信息化手段，让农村"双创"搭上信息化快车，把小农户和现代农业连在一起，实现产品相通、信息相通、服务相通、利益共享，打造"互联网＋""双创"新模式。推行智能生产、经营平台、物流终端、产业联盟和资源共享等新模式。抓好县域工业集中区建设，切实增强企业吸纳农民就业能力，开辟农村第三就业空间，创设乡村公共服务岗位。

（四）搭建新平台是农村"双创"的重要基石

强化平台整体规划，制定平台发展战略，完善平台目标定位和市场细分，加强平台基础设施建设，健全平台制度和机制，明确准入门槛和条件，优化平台软环境和硬环境。建好"双创"服务平台，以项目为平台加强"双创"对接。整合资源、创新模式，建好新型职业农民培训平台，增强综合服务平台功能。开展乡村创业领雁培养计划，开展"万企帮万村""迎老乡、回故乡、建家乡"等活动,支持打造"双创"平台,推动大中小企业融通发展。完善股权、薪酬等激励机制,促进各类企业协同创新。鼓励风投、创投支持"双创"。支持创业孵化机构、创投企业发债融资,优化农村创业孵化平台。发挥平台整合资源的集聚效应和示范引领作用,对接"三区三园"建设,创建现代农业产业园、农业科技园区、农村产业融合发展示范园等农村"双创"的重要"孵化器",培育农村"双创"园区。发展区域特色产业,带动创业就业,将创新创业元素引入园区基地,集成建设创业园、孵化园、见习实训基地和国家级农村"双创"示范基地,提供集中的场所和高效便捷服务。加快建设农村"双创"电子商务园区,完善利益联结机制,形成利益共同体,要让小农户分享农村"双创"的成果。加强平台市场化体系和农村要素交易市场建设,用市场机制推进"双创"向纵深发展。

(五)科学的政策体系是农村"双创"的支撑和保障

其一,优化农村创新创业的顶层设计,构建一套系统完整、科学高效的农村"双创"支撑体系。加快推动现有"双创"政策向农村延伸,推动农业农村领域"放管服"改革,降低创业创新成本,为农村"双创"清障搭台。其二,将城市创业的好政策、好做法、好经验向农村推广,并积极创设更接地气的政策措施,逐步形成引导扶持的工作机制和政策体系。调整和降低现有涉农和创业扶持政策门槛,将返乡创业全面纳入支持范围。切实提高返乡农民工创新创业的积极性、主动性,不断释放创新创业的政策效能和市场活力。健全农村"双创"激励机制,落实好市场准入、金融服务、财政支持、用地用电、创业培训、税收、信息技术和创业园区等方面的政策,优化创新创业环境。鼓励以奖代补、先建后补、政府购买服务等方式,对"双创"项目予以支持。推动扶持中小微企业发展信贷政策措施,惠及返乡创业者,鼓励涉农担保公司和民间资本释放出对农村"双创"支持的巨大潜力。其三,加强与金融部门和创新基金、风投公司等合作,联合搭建对接平台,建立多层次创业融资基金,支持农村"双创"优秀项目,完善创新创业环境,发挥"双创"促进科技创新的独特作用。支持"双创"示范基地在科研立项实施、成果确权和转化等方面先行先试。

第四节　农村产业融合发展的农村电子商务服务体系建设

一、农村电子商务服务体系建设的内涵

随着农村网民数量的增多和网络购物、移动电子商务的普及，农村电子商务网络零售额和农产品网络零售额将会呈现快速增长的态势。农业农村部开展了农业电子商务试点、信息进村入户工程和"互联网＋"农产品出村进城工程，实施乡村振兴战略，政策红利有效地促进了农村电子商务快速发展。现阶段，农村电子商务已经从农村地区产品和服务交易的创新形式和有效形式，演变为农村地区产业发展和农民就业创业的载体，经济社会效益显著。农村电子商务服务体系的就是通过整合电子商务全产业链服务资源，促进农村电子商务发展，开展电子商务业务提供服务，包括农村电子商务公共服务中心、农村电子商务培训体系、农产品电子商务供应链管理体系（包括工业品下行和农产品上行的双向通道体系）、农村电子商务物流体系、农村电子商务营销体系、农村电子商务公共服务站点体系、农村电子商务的产业体系、农村电子商务扶持体系等方面。目前，电子商务服务体系建设的思路和内容更加细化，电子商务服务体系不断完善，信息基础设施和物流服务体系不断完善；电子商务发展与快递物流业相互促进，益农信息社、邮乐购、农村淘宝等各类村级电子商务服务站已经覆盖全国约 2/3 行政村，为构建农村网络流通体系提供重要支撑。

二、农村电子商务服务体系促进农村产业融合发展的机理

（一）农村电子商务服务体系的职能承载

扎根于农村，服务于政府、涉农企业及农民，建设线上线下融合的服务体系，提供技术支持、培训孵化、产品对接、品牌建设、金融信用和其他衍生增值服务等，使电子商务形成抱团合力、区域特点和优势。电子商务产业园是集总部办公、创业孵化、电子商务培训、特产展示、物流仓储、线上线下互动交易等为一体的现代化综合电子商务产业园，是农村电子商务服务体系主要载体，以促进农业应用电子商务、实现线上线下交易相结合，提供配套服务，形

成特色农产品电子商务产业链。

（二）农村电子商务服务体系的功能定位

完善电子商务基础设施，健全电子商务服务功能。完善电务公共服务中心、农村电子商务运营服务中心、跨境电子商务服务中心、电子商务仓储物流配送中心、品控与溯源中心、电子商务金融服务中心、特色产品数据中心、电子商务创业孵化基地、人才培养基地。搭建区、镇、村三级电子商务平台及电子商务服务体系，发挥其普及电子商务、推动农产品网销、提供便民服务等作用。为企业、网商、创业者、农民提供电子商务政策咨询、人才培养、孵化支撑等功能，为农特产品网络销售提供品牌培育、分拣包装、检测认定、营销策划、网站托管、VR引流等增值服务，为生产提供农资采购、贷款等电子商务和金融服务。

（三）"互联网＋农业"促进农村产业融合发展

大数据作为传统产业转型发展的重要抓手，能够快速激活传统产业中累积的数据价值，用数据带动产业活力，以数据价值促进产业发展。依托"互联网＋"发展专业化社会服务，利用大数据、物联网等促进农业生产管理更加精准高效，提高管理效能。扩大农业物联网区域试验范围、规模和内容，推进重要农产品全产业链大数据建设。实施"互联网＋"农产品出村工程，推进电子商务企业与小农户、家庭农场、农民合作社等产销对接，推动区块链技术应用到数字金融、物联网、供应链管理等多个领域，使手机成为"新农具"。推动农村生产要素跨时空、跨地域重组，为原有产业链创造出更多附加值。在超短供应链、特色物流网、新农人等发展因素的作用下，农村电子商务将构建新型生产力与新型生产关系。运用互联网发展亲农惠农新业态、新模式，推动"双创"在农村深度发展。农村电子商务推动实现生产者利润增加、消费者消费体验升级，将成为助力农村产业融合发展的新模式。

（四）农村电子商务是助力农村发展的有效载体

农村电子商务是产品交易形式升级、产业兴旺的抓手，先后被列入农村产业融合体系、电子商务扶贫工程和数字乡村战略等政策体系中，其实践得到不断拓展。发展农村电子商务的主要目的是促进农业农村信息化和农村产业融合发展、产业兴旺，以此带动农民增收，实现农业农村高质量发展。为涉农实体经济提供一站式电子商务服务，促进"互联网＋"战略实施，加速产业转型升级，助农提高经济收益。运用大数据反哺农村，指导标准化农业产加销、流通、消费，助推农村产业融合发展，释放农村消费潜力，全面激发农村经济活力。

三、农村电子商务服务体系建设的政策建议

针对农村电子商务服务体系中的薄弱环节，按照"以民为本、分类推进、统筹兼顾、合作创新"的基本思路，推动以全程冷链为代表的现代物流向农村延伸，新型通信技术快速向农村覆盖，推动新技术新模式运用，为农村电子商务注入强大"助燃剂"，完善农村电子商务服务体系。

一是继续加大公共政策扶持力度。按照"县有中心村有站"的模式，完善县级电子商务服务中心及村级电子商务服务体系。优先支持农村电子商务人才培训，农村电子商务创业园、产业基地、仓储物流基地，信息通信基础设施建设项目等。二是完善农村电子商务基础设施。推进兼具区域特点和专业特点的农村电子商务公共服务中心建设，加快农村地区通信基础设施建设，加快农村电子商务物流渠道建设，完善村级电子商务服务点布局，整合物流资源，合理规划和构建适应农村电子商务发展的物流配送体系，重点解决"最后一公里"问题。三是整合商贸物流快递资源，开展共同配送，在区域节点建设仓储物流中心，完善县域电子商务物流服务体系，因地制宜地建设电子商务物流园，提高电子商务与快递物流协同发展水平，提升物流信息化水平，发展智慧物流，提高配送时效，形成"布局合理、双向高效、种类丰富、服务便利"的农村电子商务物流服务体系。四是强化农村电子商务人才培养。对接农村电子商务专业教育与农村电子商务实践基地，加强人才有效供给。鼓励更多的资源、要素投入农村电子商务教育培训中去，定向培养农村电子商务的专业人才。整合资源提供更加有针对性的培训，实现社会力量与农村农民的有效对接。

第五节 农村产业融合发展的农村公共服务体系建设

一、农村公共服务体系建设的内涵

统筹公共资源在城乡间的均衡配置，建立全民覆盖、普惠共享、城乡一体、均等服务的基本公共服务体系，推动形成城乡基本公共服务均等化体制机

制，实现城乡基本公共服务均等化。农村公共服务是农村地区为满足农业科技发展和农民生产生活共同需求而提供的具有一定的排他性和非竞争性的产品，这种农村公共产品不具有物质形态，却以信息、技术或劳动等服务形式展现出来。其一般包括保障基本民生需求的基础教育、医疗卫生、文化体育、社会保障等；广义上还包括交通、通信、公用设施、环境保护，以及农业产业化服务等方面。

二、农村公共服务体系建设对农村产业融合发展的作用机理

建设和完善农村公共服务体系，为农民提供基本而有保障的公共服务，是实现农村产业融合发展的重要任务、基础环节和有力保障。基本公共服务均等化为现代化农业发展提供了人才技术保障、资金支持、市场需求支持以及基础设施，对于农业生产和农业经济效益的提高都具有积极作用。公共服务的经济价值日益显现，以公共服务促增长正逐步成为新时代经济增长的重要路径或机制。

第一，农业农村的充分发展需要相应完善的农村公共服务体系。公共服务提供完善的基础设施，是产业兴旺的基础。农村公共服务的供给，如建设和完善便利的交通、电力、通信、水利设施等，可提高生产的稳定系数，降低包括生产成本、运输成本、销售成本、风险成本（农业的自然风险和经济风险）和决策成本在内的农村私人活动的总成本；市场信息系统会增加生产和销售的稳定性，有利于减轻市场作用引起的波动性。要实现农业农村现代化，让农业成为有奔头的产业，让农村成为安居乐业的美好家园，源头便是创新农村基本公共服务供给模式，公平分配公共资源。

第二，完善的农村公共产品供给体系会促进农业生产的专业化、规模化、商品化、产业化、市场化和可持续化发展，促进社会分工的发展，进而有利于提高整个农村的劳动生产率。完善的农村公共产品供给体系是传统农业向现代农业转变的必由之路，也是实现社会资金与人才向乡村流动的必要条件，是乡村建设招商引资的关键，是大力发展乡村旅游业的基本前提。完善现代化农产品流通体系，有利于提升专业化、规范化、信息化服务水平，发展优势产业与特色农业。构建现代化、综合化的公共服务网络，有利于增强农业综合生产能力，提升农业产业化水平。作为人力资本关键要素的农村公共服务，是推动农村经济转型发展的重要机制。

第三，农村公共服务促进资源的均衡化配置，是农民生活富裕的保障。农村公共服务体系建设有利于提升农民综合素质、维护农民权益，实现和保障社

会公平。如农村医疗卫生事业、教育事业和文化事业的发展，有利于提高农民的身体素质、知识水平、文化素养等，为发展现代农业造就合格的新型农民；有利于维护农民的基本权利和各项权益。农村数字经济需要有效的公共服务供给作为基础，需要公共通信设施作为支撑，也需要公共交通设施作为载体，更需要人力资源的有力支撑。优化农村公共服务的供给，构建多层次、系统化的信息资源开放共享体系，可以促进互联网、物联网、大数据、人工智能与农村数字经济的深度融合，充分利用"互联网＋公共服务"的新型模式促进农村产业融合发展。

第四，城乡基本公共服务的均等化促进城乡融合发展。城乡发展不平衡集中体现为城乡公共服务供给不平衡。如何有效提升农村公共服务供给，推进城乡公共服务平衡供给是新时代农村现代化发展的重要内容。城乡协调发展离不开公共服务资源的重要保障。缩小城乡收入差距以及实现城乡基本公共服务的均等化是城乡一体化发展的根本目标。基本公共服务均等化有着城乡融合发展效应，能够促进城乡融合发展的实现。城乡协调发展的重要目标就是实现广大农民的自身发展和公平发展，其实质在于承认和保障农民的自身发展权益。城乡融合是要在城乡之间实现政治、经济、社会、文化、生态等各方面的融合，需要构建具有包容性的、开放的农村公共服务网络，通过基本公共服务均等化来实现。中国进入新时代，农村也迈入新时代，公共服务高质量供给满足农民日益增长的美好需要成为基本趋势。

三、农村公共服务体系建设的政策建议

公共服务作为新阶段的经济增长动力，推动公共服务作为政府的工作重心，需要做到高覆盖导向、高层次导向和高精准导向。

（一）高覆盖导向

坚持各层级政府事权与财权对等、匹配的原则，对农村基本公共服务供给中的权力和责任进行合理的划分，优化财政转移支付。要以一般性转移支付为主，专项转移支付为辅，满足地方政府履行公共服务供给能力的需要。积极整合各种资源，需要政府、市场、社会组织等公共服务供给主体联合起来集聚公共服务供给资源，充分发挥各自优势，促进公共服务供给优势互补，提高农村公共服务供给总量、质量和效率。创新基层财政制度，提升农村公共服务的供给效率和作用。实现农村基本公共服务从有到好的转变，促进城乡基本公共服

务从形式上的普惠上升到实质上的公平。

（二）高层次导向

从县级统筹到省级统筹再到中央统筹，提升公共服务供给层次，优化结构。完善农村基础设施建设机制，推进城乡基础设施互联互通、共建共享，创新农村基础设施和公共服务设施决策、投入、建设、运行管护机制，积极引导社会资本参与农村公益性基础设施建设，特别要探索建立农村公共基础设施的长效管护机制。以增强公平性和适应流动性为重点，推动社会保障制度城乡统筹并轨。加强农村公共文化体系建设，公共文化资源要重点向农村倾斜，并建立长期稳定的投入保障制度；按照有标准、有网络、有内容、有人才的要求，实现农村公共文化服务全覆盖。持续推进美丽乡村建设，打造宜居宜业的农村人居环境。尊重农民的生产生活方式和风俗习惯，建设方便农家生活和生产的房屋院落，注重保留乡村风貌和乡土味道；注重挖掘、传承和开发传统文化、民俗风情、民间艺术、民居文化等非物质文化遗产，不断增强村庄建设的文化内涵和品质。

（三）高精准导向

农村公共服务不能够只关注供给方，更要关注需求方。精准对接农民的真实公共服务需求是关键。这要改变供给决策等影响机制，做到科学决策、民主决策。以农民的公共服务供给需求为导向，切实维护农民发展权益，增强农村公共服务供给决策透明度，完善农村决策的民主制度，提高农民在农村公共服务供给决策中的话语权，实现农村公共服务供给结构协调与提高农村公共服务供给资源利用率。建立自下而上的决策机制，考虑居民需求，逐步扩大公共财政覆盖农村的范围和领域。

第六节　农村产业融合发展的农村公共服务平台建设

一、农村公共服务平台建设的内涵

农村公共服务平台建设是提高农村公共服务供给能力及水平的重要途径，其承接基层社会管理和服务功能，适应当前社会转型发展趋势的基本要求。公共服务平台是国家治理能力和服务有效延伸到基层的重要通道。公共服务平台是将农村公共服务进行集中管理，通过政府指导、市场参与和社会联动等方式，为农民提供日常所需的综合性平台。其将涉及"三农"的公共服务资源进行整合，提供公共服务与产品，真正实现农村的"一站式"服务。

二、农村公共服务平台建设内容

（一）搭建农业综合产权交易平台

积极推进农村产权制度改革，深化农村土地制度改革。有序推进农村宅基地"三权分置"，加快推进房地一体的农村集体建设用地和宅基地使用权确权登记颁证，完成农垦国有土地使用权确权登记颁证任务。开展农宅合作社和城乡合作建房试点，鼓励各地利用城乡建设用地增减挂钩政策推进农村空心房、废弃建设用地整治复垦。深化农村产权制度改革，大力推动农村产权交易市场建设，扩展交易内容，丰富交易市场的功能，提高农村资产运营效率。深化农村集体产权制度改革，实施发展壮大农村集体经济五年行动，全面建立农村集体经济组织，以支持村级集体经济发展。引导会计、法律、资产评估等中介机构提供交易流程的专业化服务，引导融资服务。加强产业发展的要素及其产权流转平台建设，促进资源和要素在城乡之间、区域之间、产业之间的大范围流动。完善平台的运作范围和机制，放大资源和要素在产业发展上的时空效能，促进农村产业革命。

（二）搭建农业综合信息服务平台

整合主要涉农网站的信息资源和门户网站，建立统一的涉农信息发布系统。重点围绕"三农"关心的话题，开辟生产、管理、服务等几大板块，强化互动交流。采取先建后补的方式，加快省级智慧农业大数据平台建设。建立完善的农业农村公共信息服务网络，提高农业气象、土壤、科技、质量追溯、农业资料、市场等农业农村信息化服务水平，提高农业生产经营主体生产精细化程度和防控市场风险能力。建设和完善农科教云平台，为农业科技推广与新型农民信息化提供有效支撑。加快农村信息化技术建设，利用农村公共服务平台，发挥好村务、政务、商务功能，加快推进农村社会治理。

(三) 搭建现代农机服务平台

加快推进农业机械化和农机装备产业升级，助力"三农"发展。要尊重农民意愿，发挥市场机制作用和基层创造性，因地制宜、有序推进。积极发展农机社会化服务，培育壮大农机专业户、农机合作社和农机作业公司等新型农机服务化主体，鼓励农机服务主体与家庭农场、种植大户、农业企业等建立生产联合体，促进机具共享、互利共赢，提高机具的利用效率，降低生产成本。建设全程机械化＋综合农事服务中心，提供全过程、全要素的机械化服务。通过机械化服务组织，聚集其他要素提供服务，可把农业生产资料、技术培训、市场信息通过合作组织进行聚集，打造共同平台，以此来提供"一站式"服务，助推多种形式的适度规模经营。推进"互联网＋农机作业"，抓好智能农机与智慧农业、云农场深度融合，促进智慧农业发展。发展大型高端农机服务和大型农机具租用，实施大型自动化育秧设备、遥控飞行植保机、水稻插秧同步精量施肥机购置专项补贴，推动农业机械化全面全程发展，提高农机智能化、规模化服务水平。推广农机与农艺融合，支持农机服务向农技服务拓展。提升农机服务效率，扩展农机服务领域，推进农机服务向生产全过程、全产业链延伸，优化机械化基础条件，提供机械化的高效率、高质量服务。

三、农村公共服务平台建设的政策建议

加强农村公共服务平台建设，关键是按照规范化和标准化建设的要求，以优化服务、方便群众和提高效能为目标，统筹推进和拓展农村公共服务领域，整合人力、物力和财力，落实均等化目标，实现有效服务、高效服务。

第一，要建立高效的部门协调机制和平台。切实加强沟通协作，相互密切配合，建立农村产业融合发展工作制度，重点做好政策研究、信息交流、重大项目协调以及监督检查等工作。积极推动财税、金融、保险、投资、科技、人才和用地用电等政策措施落地见效。例如，文化和旅游部与国家开发银行、农业发展银行、中信银行等签署合作协议，共同推进"旅游＋金融"服务创新，印发了《关于组织推荐金融支持旅游扶贫重点项目的通知》（旅办发〔2018〕66号），对依托贫困地区乡村旅游资源开发建设的乡村旅游项目给予优惠贷款，加强沟通，共同确定重点支持的企业和项目；对重大项目双方联合调查评估，每年对项目信息进行汇总分析。

第二，创新机制，搭建农村公共服务平台。一是建立统筹协调机制。省级

政府落实统筹推进区域内农村公共服务平台建设职责,制定专项建设规划;市县政府提高自我保障能力,强化政策执行职责,制定具体实施方案。按照"共建、共享、共用"的原则,推动资源有效整合。鼓励将闲置、分散的农村集体公共用房和服务设施改造用于农村公共服务平台建设。探索数据统筹,构建高速互联的共享数据"一张网"。促进服务统筹,推进机构组织、软硬件设施和内部配套建设的标准化、规范化。二是健全监督管理机制和民主监督制度。健全村民议事制度、村民代表会议制度和服务质量管控制度,畅通社区参与渠道,加强政府、社会组织、村民与公共服务平台之间的通联,建立责任追究机制。三是完善运行维护机制。创新人员选聘方式和激励机制,吸引更多专业技术和服务管理人才扎根基层服务农村。加强人员教育培训,打造窗口服务队伍,更好地提供优质政务服务。探索多元服务模式,拓展邮政、通信、金融和保险等经营性服务。健全运行保障机制,推动地方建立健全多层级、多主体参与公共服务平台的运行机制,切实提高服务平台的利用效率。畅通信息反馈机制,拓宽群众诉求表达渠道,充分利用多种信息渠道。四是创新资金投入机制。建立健全公共财政和社会力量对公共服务平台建设的多元投入机制,逐步提高基本公共服务支出所占比重。适当引入市场竞争机制的协同治理方式,开放部分公共服务市场,通过购买服务的方式保障农村基本公共服务质量。

第五章　农村产业融合发展的风险管理

第一节　农村产业融合发展的风险概述

农村产业融合发展面临着许多风险。这些风险可能是普遍存在的，就像市场风险、自然风险等，存在于大环境中，对所有的参与主体都会产生一定的影响；还有一些影响范围没有那么广的风险，比如参与主体自身在做决策时产生的风险，这种风险一般只对自身经营发展造成影响，而不会给其他参与主体带来风险。但是，不管风险的性质、大小、影响力如何，所有的风险都会对农村产业融合发展的质量产生影响。为了在农村产业融合发展中更好地进行风险管理活动，本节将从多个角度对农村产业融合发展中存在的风险进行分析，并有针对性地提出科学有效的解决措施。

一、农村产业融合发展风险的含义

农村产业融合发展风险是指农村产业融合发展会产生一些无法确定的结果，以及无法确定的收益。农村产业融合中产生的风险主要是由于发展中存在一些不确定性因素会对产业融合造成影响，使参与主体受到波及，即影响农民、农产品加工企业、农产品销售商等主体的经营收益情况，导致实际经营结果与计划效果存在偏差。

本节通过对农村产业融合发展所面临的风险进行深入分析，在充分了解农村产业融合发展内容、现状以及机遇的基础上，结合中国农村产业融合发展的实际情况，对农村产业融合发展中存在的风险进行阐述，并对风险的含义、成因、识别以及演化等进行研究，以期能够更好地规避与化解农村产业融合发展中存在的风险。

二、农村产业融合发展风险的类型

农村产业融合发展风险可以按照不同的方式划分为不同的类型,下面通过对农村产业融合进行深入研究,进而分析出影响其发展的风险因素,并对其按照风险来源、其他方式进行分类。

(一)农村产业融合风险按风险来源划分

农村产业融合发展风险按来源可分为环境风险、发展风险、决策风险。

1. 环境风险

农村产业融合发展中环境风险按照来源分为自然变化风险、市场风险、社会风险、政策风险、法律风险、技术风险等,如图5-1所示。

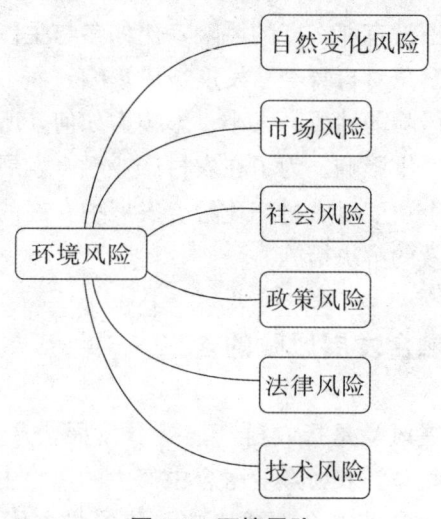

图 5-1 环境风险

(1)自然变化风险。

农村经济的发展受到自然变化的影响,自然变化可能会带来自然灾害,而农作物和畜禽的生长对自然环境有一定的要求,例如暴雨、干旱、洪水等的出现都会对农业产生影响。农村产业融合发展仍然是以农业为基础,将二三产业与农业进行有机融合,而农业受自然环境变化的影响较大,因此农村产业融合发展中面临的自然变化风险会对其发展产生影响。当发生自然灾害时,农业生产必然会受到重创,波及农业产业链的下游,导致农产品加工企业原材料供应不足,进而影响到农产品销售以及流通,降低整条产业链的生产效率,还有可能会造成产品价格上涨。例如,暴雨和洪灾等气象灾害会导致粮食作物减产,造成粮食供应紧张,使得以这些粮食作物为原材料的加工企业出现采购原料困难、成本上涨等问题。因此,气象灾害会导致粮食作物减产,进而影响到农业产业链下游企业的运行和收益。

除了气象灾害,生物灾害同样会影响农作物和畜禽的生长。例如,禽流感等动物疾病、蝗虫灾害,都会给农业产业链的正常运行带来严重威胁,还有可能导致相关企业破产。在推进农村产业融合发展的过程中,要高度关注自然变化风险带来的影响。

(2)市场风险。

农村产业融合发展是一产、二产和三产的相互融合,三产融合过程中,市场的不确定性会对各利益主体经营效果产生影响。农村三产融合发展中面临的市场风险主要包括以下几种,如图5-2所示。

市场风险
- 采购困难风险
- 价格波动风险
- 销售风险
- 成本上升风险
- 汇率风险
- 食品健康风险

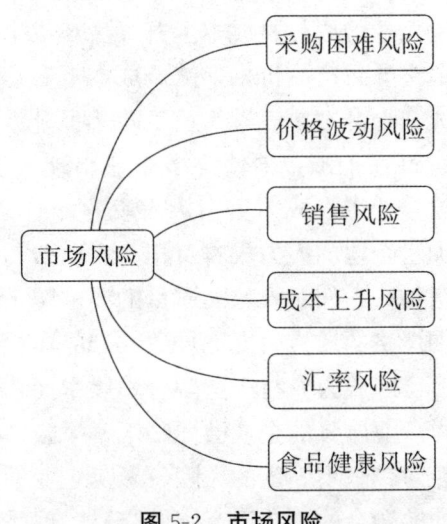

图5-2 市场风险

①采购困难风险。市场和环境等原因可能会降低农作物和畜禽的产量,导致这些原料供应不足,影响上游企业的生产运作,降低企业的生产效率,使生产设备被限制,影响企业的收益和运营,甚至可能会使企业出现停工、破产等不利情况。采购出现困难还有可能使企业的竞争力下降,阻碍企业进一步扩大生产规模、扩张市场领域,影响企业的持续健康发展,同时也不利于农村产业融合发展。

②价格波动风险。农村产业融合发展中会面临产品价格出现波动的风险,企业的利润空间会受到原材料价格、售价等因素的影响,价格波动会给企业运营带来风险。比如在2020年,猪肉价格发生明显变动。猪肉价格波动幅度较

大,这就会给用猪肉作为原材料的企业带来一定的影响。产品价格波动会给农业产业链的经营主体带来风险,影响企业的收益状况,进而影响农村产业融合的发展。

③销售风险。农村产业融合发展中的销售风险就是相关企业在进行产品销售过程中由于存在不稳定因素而给销售活动带来的影响。企业生产产品就是为了进行销售从而获得利润,在销售环节出现风险,将会影响企业利润的获得。农业类企业在市场中存在着许多竞争者,但并非每一个竞争企业都能获得利润继续生存,总有一些企业在市场的竞争中被淘汰。农业类企业的销售风险不是一成不变的,其生产的不同产品有着不同的销售风险。企业在发展中应重视销售风险,合理应对销售风险,尽量提升利润空间,避免损失。

④成本上升风险。农村产业融合发展中存在成本上升风险,例如原材料价格上涨、人工成本上涨、水电费上涨、质检费用上涨等。农作物市场价格的上涨会使农业产业链上游企业的原材料成本上升,生产成本增加,造成加工企业的利润空间被压缩,最终导致产品价格上涨。成本上升是农业企业面临的重要风险。农业企业人工成本上升主要表现为员工薪酬上升以及员工福利增加。社会大环境的工资和福利都在上涨,迫使许多企业出现人工成本不断增加的现象。同时人员流动也给企业带来成本负担,入职的新员工往往需要进行培训,导致培训成本增加,加重企业的人力成本负担。水电费、燃气费等也在逐渐上涨,使企业运行成本增加。人们对农产品质量的要求越来越高,为了保证食品的质量安全,需要更加严格的质检力度,导致农产品质检费用增加,引起成本增加。如今,成本上升已经成为农村产业融合发展中面临的重要风险之一。

⑤汇率风险。农村产业融合的企业会面临汇率风险,对汇率波动情况难以准确判断,这就会给企业带来不确定的风险,影响企业的运行和盈利状况。虽然目前许多参与农村产业融合的企业没有国外交易,但是随着经济的发展和国际化的扩张,将会有越来越多的企业开展国外业务,将中国的农产品推广到世界各地,在未来也会有越来越多的企业面临汇率风险。

⑥食品健康风险。农村产业融合发展中面临着食品健康风险。食品安全关系到农业产业链的可持续发展,食品健康风险其实存在于农产品产业链的各个环节。农作物种植过程中所使用的种子、化肥以及畜禽养殖过程中所使用的饲料、药物的质量都会关系到食品的安全。加工过程中的生产环境、添加剂使用情况等也会造成食品健康风险。除此之外,冷藏、运输、销售环节中也存在食品健康风险。任何一个环节出现问题,都会影响产品的质量,威胁消费者的身体健康,影响整条产业链的持续健康发展。食品健康风险是农村产业融合发展

面临的重要风险之一，农业类企业已经投入较大的资金、物资及人工来减少食品安全风险。

(3) 社会风险。

社会风险是指由于个体或企业的逆向选择，导致农业类企业未能达到预期目标的风险。农村产业融合参与主体农业企业、农民合作社、农民等可能会出现逆向淘汰的现象，许多经销商也可能会利用信息不对称加剧劣质产品与优质产品之间的竞争，损害参与主体的利益，影响市场持续健康发展。除了农村产业融合内部的参与主体会制造社会风险，外部经营主体也会给融合发展带来风险危机，例如周边企业的污染防治能力。农业对环境的要求与依赖还是比较高的，如果环境被外界经营主体污染，会给农业生产造成不利影响，进而使农业生产链受到威胁，给许多企业造成损失。

(4) 政策风险。

农村产业融合发展中的政策风险是指国家从宏观经济发展大局出发调整经济政策，新出台的法规、政策会对农村产业融合带来的影响。中国高度重视农业农村发展，为了推进农村产业融合出台了许多相关政策，大力扶持农业企业发展，农业农村未来的发展前景良好。但由于政策变动，农村产业融合政策风险依然存在，而这一风险主要表现在三个方面：一是政策本身可能存在一定的弊端。政策想要发挥出良好的效果就必须考虑到农业农村发展的实际需要，要贴合农村的实际情况，在整体上适应三产融合的发展进度，不仅要考虑到融合发展在时间上的需求，还要考虑政策是否在空间上具有可行性。不同地区的发达程度不同，对不同方面政策的需求也是不同的，政策的制定必须要考虑各个地区存在的差异，要具有统筹性、全面性。二是新政策的出台会给相关企业带来风险。新政策能够推动未来发展的趋势，并且会影响相关企业的发展轨迹，可能会使企业产生有利结果，也有可能给企业造成不利结果。三是政策在执行过程中出现的偏差造成一定的风险，导致执行结果与预期计划不相符。虽然最初制定政策的初衷一定是好的，但在执行过程中往往会面临重重阻碍，存在困难和风险，导致预期的政策结果并未得到实现，出现风险。

(5) 法律风险。

农村产业融合发展会受到相关法律法规的影响，因此也会面临一定的法律风险。法律法规会影响经营主体的行为，是保护经营主体权益的武器。农村产业融合发展中的法律风险其实主要是指农业企业面临的农户违约风险。农业企业和农户的利益联结主要通过签订订单的方式，这种利益联结方式约束力较弱，往往经不住市场变化的考验，在订购产品市场价格高于订单价格时，农民很可能选择违约，便会给企业造成不利影响。农民在出现违约行为后，企业考虑到实施的困难性往往不会追加农民的责任，而选择自己承担损失，这便会导致企业很容易面临法律风险。

(6) 技术风险。

创新农业技术发展、引进先进技术是推动农业农村现代化的重要手段，但先进技术的应用也会给农业发展带来一定的风险，由于技术的局限性，可能使得农业生产率未达到预期效果。农业新技术在正式投入使用前，需要经过一段实验期，也就是先进技术产生的效果并不会短期显现出来，况且由于农业先进技术本身也可能存在一定的局限性和效力性不足，加上市场的变化、参与者的增多，使得发展效果不会十分显著，甚至会出现亏损情况。一项好的农业技术被某一企业引进之后，其他企业为了不被市场淘汰也会引进这项技术，当行业内的企业普遍掌握这一技术时，又形成了新的竞争局面，甚至可能出现低价竞争的现象。随着农业农村现代化建设的逐步推进，技术风险也将逐渐显现出来。

2. 发展风险

农村产业融合的发展风险是指农村在发展中面临的风险。发展风险主要是由以下几个方面造成的，如图 5-3 所示。

```
                  ┌─ 经营主体能力不强
                  │
                  ├─ 利益联结不紧密
                  │
         发展风险 ─┼─ 融合程度不高
                  │
                  ├─ 缺少要素支撑
                  │
                  ├─ 相关服务部门支持力度不够
                  │
                  └─ 基础设施不健全
```

图 5-3　发展风险

(1) 经营主体能力不强

农村地区拥有丰富的资源和空间，但也存在资源闲置和资源分散的问题，并且农村企业的聚集化程度比较低，难以实现资源共享，农民的文化水平也在一定程度上限制了其对身边的资源开发程度，目前农村的基础设施也不够健全。因此，农村企业应完善基础设施，大力发展农村物流，学习农业新技术和新知识，从整体上提升自身竞争力，为参与农村产业融合打好基础。农村产业融合中参与主体存在的问题主要体现在三个方面：其一，参与主体的能力普遍较弱。大部分参与主体的经营规模较小，管理水平和生产能力比较低，同时农业企业的集中程度较低，且互相之间可能存在竞争关系，难以实现联合效应带动农村经济高效发展，并且由于农业附加值较低，对外部企业吸引力不强，许多农业企业为了追求更多的利益也会转向从事其他高附加值的产业，例如服务业。其二，参与主体的管理水平较低，管理机制较为落后，对新理念的接纳度也比较低。许多农业企业面临的相同问题就是缺乏人才且生产经营体制落后，这些问题其实主要还是由于农业企业自身竞争力较弱，吸引人才水平较低，同时加上管理人员水平一般，使得企业生产经营模式仍然比较传统，农村企业发展迟缓。其三，参与主体缺少创新能力。农村地区的教育资源比较稀缺，教育水平也比较落后，再加上自身发展的局限，导致农村产业主体创新意识和创新能力比较弱，进而使得农业农村发展受到限制，阻碍农业新模式、农村新业态的出现，无法尽快打开新局面，不利于推进农村产业融合以及农村现代化建设。其四，行业协会形同虚设，并未发挥其应有的作用，难以有效推动农村产业融合发展。

(2) 利益联结不紧密。

利益联结的紧密程度关系到农村产业融合发展的效益，也关系到是否能够实现农民就业增收。紧密的利益联结机制是推动农村产业融合发展、促进农业农村繁荣的重要动力。农村产业融合程度越高，各主体之间的利益联结越紧密，同时紧密利益联结机制也会反过来促进农村产业融合发展，随着农业农村的不断发展，各参与主体之间会逐渐建立起紧密的利益联结。但是农村产业融合发展的时间还不够长，各主体之间目前的利益联结还不够紧密，因此各参与主体之间风险共担的关系并未有效建立起来，尤其对于风险抵抗能力较弱的农民而言，其利益难以得到保障。利益联结松散主要体现在以下主体之间：第一，农户与农产品收购商之间利益联结形式松散，参与农村产业融合发展的农户可能会存在违约行为。面对变化的市场价格，当市场行情向好时，他们很有可能违约导致其他相关主体承担违约风险和损失。除了存在违约风险，主体之间即使履行约定，但执行质量和效果也存在差异，这也会对相互之间的合作带来困难。第二，加工企业与农民之间。农产品加工企业的原材料主要来源于农民的生产活动，但是这些原材料可能要几经辗转才能到达企业，这个过程中可能会经过许多中间商，导致农民与企业的联系不够紧密，农民的利益也会受到中间商的压榨，而企业从中间商购买的原材料价格可能远远高于收购价。第三，农民与服务业企业之间。农业与服务业企业的相互融合能够促进农业的发展，但是目前两者之间的利益联结程度普遍较低。在融合过程中，农民虽然能够获得一定的利益，但随着时间的推移，产业融合带来的大部分价值增值其实是进入了企业手中，并非留给农民，甚至有可能给农民造成损失。

（3）融合程度不高。

在国家的大力支持下，农村产业融合发展取得了一定的成效，但产业融合发展的时间还不太长，整合程度依然不足，仍需要获得更加全面的支持，促进其进一步发展。首先，中国农村拥有巨大的潜力，但目前仍存在许多问题，例如农村基础设施不够健全、政策支持力度不够、利益联结不够紧密等，这些问题会阻碍农业农村发展，使短期内无法获益的工业、服务业被接纳的程度不强，不利于促进农民就业增收。其次，农业的主动发展能力相对较弱，农民的知识储备和经验相对较为欠缺，农业农村接纳新事物的速度也比较慢，农业经营主体尤其是农民抵御风险的能力较弱，使农业进行融合发展的主动性与接纳程度较低。在延伸农业产业链这方面还需进一步加大支持的力度，目前农业产业链条较短，农产品生产、加工、销售一体化有待发展，农业产业链中的加工企业普遍处于初级加工阶段，更倾向于传统的生产方式，产品的精深加工程度不够，产业链的发展水平较低。最后，农业附加值相较于二三产业处于较低水平，三产的发展水平和利益分配失衡。农业其实一直处于发展的劣势地位，农产品未充分开发其内含功能和附加值，如果能够深度挖掘农业在文化、生态、康养等方面的功能，农产品的自身价值就会得到实质性的提高，有利于农业附加值的提升，从而使农业获得更多的利益。

（4）缺少要素支撑。

农村产业融合的关键在于拓展农业、工业与服务业融合的深度与广度，创新农业发展新模式，挖掘农业蕴藏的多种功能，提高资源的利用率。如今，农村产业融合正日益步入正轨，农业企业正向着规模化、标准化、高水平化发展，农村新业态和农业新模式也在不断涌现。但是农村产业融合发展的质量和效率仍有待提高。虽然融合发展取得了一定的成果，但农业发展水平依然不高，要素资源短缺这一问题需要解决。要素问题主要表现在以下几个方面：第一，农村产业融合发展需要土地要素。中国农村地区耕地面积较大，但专门用于农村产业融合发展的土地比较紧缺，尤其是旅游农业更需要专门的用地，许多农家乐以及农活体验区都需要农村相应的土地资源，土地资源紧缺的问题将会阻碍农业与工业、服务业的融合发展，降低农村旅游企业、涉农工业企业参与融合的积极性。第二，农村产业融合发展需要金融支持。由于农业自身的发展能力和获得经济效益能力相较于其他产业而言更弱，并且农业农村发展具有长期性、困难性，参与主体往往要面临融资和贷款的困境，农村贷款的放贷数额小、限制多、周期短等缺陷，使本就不发达的农村贷款变得更加难以推广。第三，农村产业融合发展缺少专业人才。近年来，农业农村发展得到高度关注，也得到了国家和社会的支持，农业多功能也得到了拓展，融合发展新业态、新模式随之出现。农村经济发展新形势的产生需要引入高水平的技术人才、管理人才，为促进产业融合进行战略决策、市场分析、技术升级，将先进的科学技术和高水平的管理理念引入农业企业。但是目前农村人才匮乏的问题仍然存在，这与农村经济发展和教育资源不足有很大的关系，人才往往会选择城市而不是农村，教育资源稀缺也导致农村地区难以培养出高端人才，因此农村缺少人才，这导致农村产业融合中参与主体的经营管理水平和技术水平普遍较低。

（5）相关服务部门支持力度不够。

随着国家对农业农村发展的重视，农村产业融合发展取得了一定的成果，引起了社会各界的关注和参与。近年来，相关国家政策文件的发布体现了对农村产业融合发展的扶持，地方政府也高度重视对农业农村的开发，这都是促进农村产业兴旺的重要力量。但是与推动农村产业融合发展相关的部门协调工作的能力不够强，部门之间的合作关系较弱，工作分配也不够清晰，容易出现互相推脱责任的现象。相关部门制定的相关政策前后相差很大，存在互相矛盾的地方，还会出现基金分配不合理的情况。各地政府在塑造本地品牌的过程中可能会忽略与其他方面协同共进，这也会限制品牌发展。除了相关部门协调工作的能力较弱之外，许多参与融合的经营主体其实也不重视统筹协调的重要性，其往往没有与周边企业共进退的意识，并且也没有意识到塑造品牌的益处和品牌的影响力。相关部门要提高服务能力，为农村产业融合发展提供政策、金融、资金、服务支持，真正解决发展中存在的困难。

（6）基础设施不健全。

农村的水、电、燃气、物流运输、垃圾处理等基础条件仍需要进一步的提升改善。我国高度重视农业、农村、农民的发展问题，同时也加强了对农村基础设施的建设，农村发展获得了国家的政策和资金支持，也获得了社会各界的关注与支持。农村基础设施与相关配套服务是进行农村产业融合的基础条件，如果基本的水电设施都不够完善，那么提高农民生活水平便是空谈；如果没有基础的物流运输条件，那么农产品销售就受到严重阻碍。因此农村基础设施关系到农村产业融合的发展，其会促进产业融合发展，但也可能会阻碍融合发展。简而言之，健全的农村基础设施是推进农村产业融合发展的保障。

3. 决策风险

农村产业融合发展中存在潜在的决策风险会给农业农村发展带来损失，决策风险主要表现为以下几种类型。

（1）投资风险。

农村产业融合发展中参与主体面临的投资风险是指参与主体在进行投资时失利而给自身造成损失，对战略实施结果造成影响。提高投资分析能力、规避投资风险关系到经营主体的利益，也关系到农村产业融合发展的质量。农业企业必须提高自身投资风险管理水平，引入专业人才，对投资活动进行深入分析和识别，尽可能规避风险，从而使投资活动更有保障。

（2）经营管理风险。

农村产业融合中面临的一个重要风险就是经营管理风险，许多参与主体由于缺乏专业人才，经营水平及管理水平较低，这就会给自身与产业融合带来经营管理风险。除了缺乏人才可能会带来经营管理风险，企业管理层的决策失误也会带来经营管理风险，导致企业资源浪费，给企业带来损失。大型国企和民营龙头企业的专业人才较多，经营管理水平较高，所以能够较为准确地识别风险、规避风险，极大地降低企业因为经营管理风险而造成的损失。但是规模较小的农业企业可能面临较高的经营管理风险，因为这类参与主体在经营管理方面较为欠缺，企业运营方式也较为传统落后。简而言之，经营管理水平的高低决定了经营管理风险的大小。

（3）战略风险。

推进农村产业融合发展之前要对其进行战略规划，明确战略目标以及各个阶段要完成的任务，并对融合发展中可能存在的风险进行识别和规避，使战略规划更加科学有效。农村产业融合发展中参与主体面临的战略风险其实就是在制定战略规划、进行战略布局以及实施过程中存在的风险因素导致推进结果与预期计划不符。战略风险可以分为四种：第一，战略定位风险。战略定位风险是在确定战略目标时由各种因素导致目标定位不准确，使确定的目标与真正应该实现的目标存在差异。第二，战略环境风险。战略环境风险就是在实施战略计划时，各种环境变化给实施过程带来的影响，其中的环境主要包括政治、经济、文化、生态环境。第三，战略原料风险。战略原料风险就是在推进战略规划的过程中需要的各种资源或原料带来的风险，这一风险存在的主要原因是原料要素存在稀缺性，并不是所有的资源都能够随意获取。第四，执行风险。执行风险是指在确定战略规划后的执行过程中由于不确定性因素的存在，执行活动偏离计划内容进而影响执行的结果与效果。这四种风险中对参与主体影响最大的是战略定位风险，因为对战略目标的分析与确定存在一定的困难，确定目标的过程很容易出现偏差，进而导致整个执行过程失去意义。

（二）农村产业融合风险按其他方式划分

农村产业融合面临的风险不仅可以按照风险来源划分，还可以按照其他方式划分，其他方式划分的依据可以分为如图 5-4 所示几种。

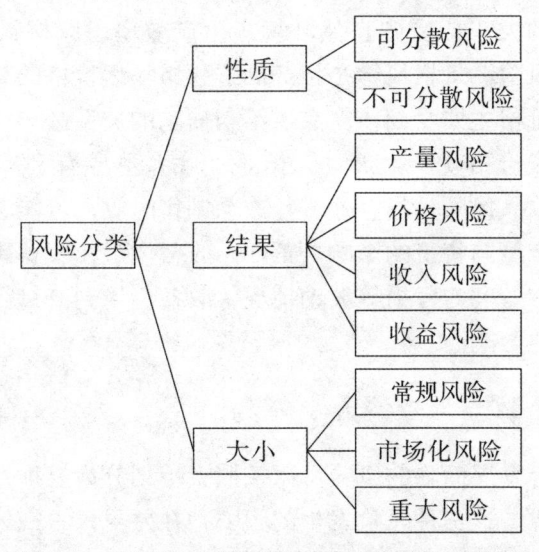

图 5-4　按其他方式划分农村产业融合中的风险

1. 农村产业融合风险按性质分类

农村产业融合面临的风险按性质分类就是按照风险的属性将风险划分为多个类型，农村产业融合发展面临的风险按照性质划分可以分为可分散风险和不可分散风险。其中，不可分散风险是指农村产业融合中参与主体面临的共同、不可化解的风险。不可分散风险最为显著的特点就是无法将风险分散，它会使企业面临亏损的风险，给企业造成一定的影响。农村产业融合发展中的不可分散风险覆盖范围比较广，像价格风险，市场中所有的参与主体都会受到价格风险的影响，但又无法将其进行分散。不可分散风险既然无法进行分散，那么农户应采取措施降低风险。农村产业融合发展中的可分散风险是指参与主体面临的可以进行分散的风险，造成这种风险的原因往往并不复杂，企业可以通过自查自纠将可分散风险进行化解。可分散风险不像不可分散风险那样覆盖范围较广，往往只会对某个参与主体造成影响。例如，某个企业由于自身决策失误而产生了风险，这种风险就可以通过其他方式进行化解。

2. 农村产业融合风险按结果分类

农村产业融合发展面临的风险可以按照融合发展产生的结果分类，经营主体参与一二三产业融合进行生产、经营、管理、销售后最终的关注点在于产品的产量、价格、收入与收益这四个方面，农村产业融合发展中的风险可以据此分为以下四种：第一，产量风险。产量风险是指产品产量的大小给企业收益带来的影响，产量的大小会受到自然环境、生产效率、原材料供应等因素的影响。第二，价格风险。价格风险是指产品进入市场后价格的高低给企业收益带来的影响，市场价格主要受到该产品供给与需求的关系影响，市场中出现供求失衡的时候，市场价格就产生波动，给企业收益造成有利或不利的影响。第三，收入风险。收入风险是指企业进行产品销售时收入可能会有高低波动，销售收入主要受到产量与售价的影响。第四，收益风险。收益风险是指企业的收益情况可能会面临盈利与亏损等波动情况，收益会受到产量、售价、生产成本等多种因素的叠加影响。

3. 农村产业融合风险按大小分类

农村产业融合发展面临的风险可以按照大小划分为三种：常规风险、市场化风险、重大风险。这三种风险发生的频率存在差异，常规风险发生的频率较高，重大风险发生的频率往往比较低，而市场化风险发生的频率则处于常规风险与重大风险之间。这三种风险给参与主体带来的影响也存在差异，常规风险带来的损失较小，重大风险带来的损失较重，市场化风险带来的损失处于二者之间。

上述基于对农村产业融合发展的分析研究，将其中存在的风险按照多种方式划分，有利于我们更加深入地了解农村产业融合发展中存在的风险，以便更好地促进其长远发展。

三、农村产业融合发展风险的识别

上述提出农村产业融合发展中面临的风险按照性质可以分为可分散风险和不可分散风险，其中可分散风险是可以化解的，将可分散风险进行分散的过程就是风险管理，进行风险管理的基础就是风险识别。风险识别是认识和掌握农村产业融合发展中存在的不利影响因素的关键，只有准确地识别风险，才能制定出有效的方案进行风险规避，将风险进行分散。但是风险识别能力存在差异，不同地区的综合风险识别能力不同，同一地区不同参与主体的风险识别能力也不同。

（一）农村产业融合发展风险识别的含义

农村产业融合发展风险识别是指在风险发生带来损失之前将其识别出来以进行规避防范。识别风险需要用到许多手段，识别风险的重点在于分析出导致风险产生的因素，只有认识到风险产生的原因，才能有针对性地采取防范措施。风险识别的首要任务是感知风险，然后才能进行识别和分析。农村产业融合发展风险识别的首要任务同样也是感知其中存在的风险，要充分认识了解农村产业融合发展中存在的风险，只有了解风险，才能识别风险。感知风险是推进后续分析步骤的基础，只有感知到产业融合中存在的风险才能够发挥出风险分析的作用，才能够认识到风险产生的原因，进而有针对性地制定防范方案进行风险规避。农村产业融合发展风险识别中的风险分析就是分析出导致风险产生的原因，从而更好地进行风险识别。

想要充分认识农村产业融合发展风险识别，就必须分析风险识别的本质、风险的种类与内涵以及风险识别的方法。农村产业融合发展风险识别是指运用一定的手段与方法对融合发展中存在的风险进行感知和分析，其中的风险可能是明显存在的，也可能是潜在的。风险的类型也比较多，不仅有大规模的风险，也有小规模的风险；不仅有可分散风险，也有不可分散风险。造成风险的原因有比较复杂的，也有不太复杂的；有市场、环境等外界带来的风险，也有参与主体自身原因产生的风险。而农村产业融合发展风险识别的本质就是在复杂多变的环境中识别风险，并查明风险产生的原因。农村产业融合发展风险识别也有一定方法与规律可循。风险识别可以通过专业人员的研究判断来实现，也可以结合以往积累的历史经验进行定位。除此之外，想要更加深入、准确地进行农村产业融合发展风险识别，首先应该对农村产业融合进行充分的了解和研究，可以通过查阅历史记录更好地来对风险进行分析、归纳、整理，以及对相关专家进行访问，进而准确定位风险，发现导致风险出现的原因，摸清风险的特点与出现的规律。风险识别其实具有一定的长期性，农村产业融合发展是一个持续发展的项目，融合本身就可能存在各种各样的变动，因此农村产业融合发展中的风险也并非一成不变的，会随着发展阶段的变化而变化，风险识别工作就需要一直持续下去。与此同时，农村产业融合发展的风险管理工作也具有长期性与持续性，不仅要做好当前的风险管控任务，也要进行未来的风险识别工作。

（二）农村产业融合发展风险识别的内容

农村产业融合发展风险识别的内容主要包括如图 5-5 所示几种。

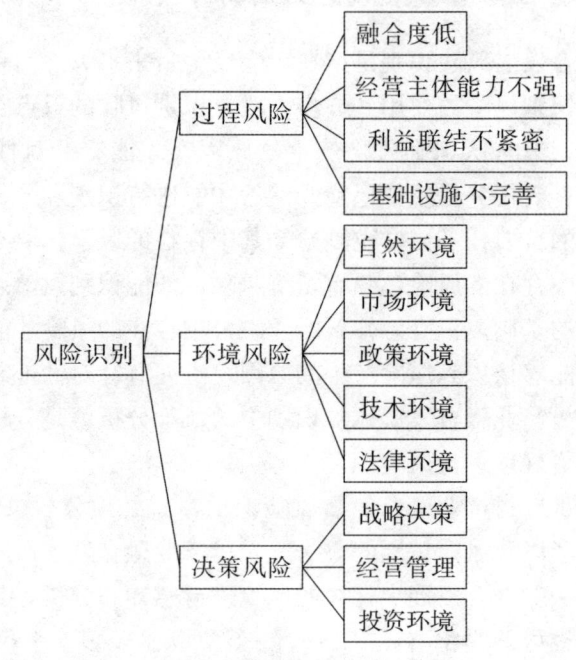

```
                            ┌─ 融合度低
                  ┌─过程风险─┼─ 经营主体能力不强
                  │         ├─ 利益联结不紧密
                  │         └─ 基础设施不完善
                  │         ┌─ 自然环境
                  │         ├─ 市场环境
        风险识别──┼─环境风险─┼─ 政策环境
                  │         ├─ 技术环境
                  │         └─ 法律环境
                  │         ┌─ 战略决策
                  └─决策风险─┼─ 经营管理
                            └─ 投资环境
```

图 5-5　风险识别的内容

1. 过程风险

农村产业融合发展中的过程风险是农村产业融合过程中由各种原因产生的风险，会给参与主体造成一定的影响。造成过程风险的原因多种多样，在此主要将其分为以下几种。

第一，一二三产的融合程度不够深。一二三产融合程度不够深的主要表现就是农业、工业与服务业之间的产业界线仍然没有得到充分的融合，三产之间融合的深度与广度不够，使农业没有得到有效的发展，农业主体无法获得实质性的价值增值。

第二，新型经营主体自身的能力不够强。农村产业融合发展需要外界力量的帮助，许多参与主体也需要高水平、高能力企业的有效带动，但是大部分新型经营主体的能力不够强大，难以发挥出强有力的带动作用。

第三，利益联结不够紧密。农村产业融合发展中仍然存在参与主体之间利益联结不紧密的问题，利益联结的紧密程度关系到融合发展的效果，同时它也是融合发展的核心。松散的利益联结不利于农村经济发展，也不利于提升各参与主体的获利水平。

第四，农村基础设施不完善。健全的基础设施是促进农村产业融合发展的基础条件，农村基础设施落后的问题阻碍三产融合，也会给参与主体带来风险和损失，不利于农村三产的深度融合。

2. 环境风险

农村产业融合发展中的环境风险识别是对融合发展中存在的环境风险进行识别确认，其中的环境风险是指会影响三产融合发展的外部环境发生变化，给参与主体造成损失的风险，风险的发生往往会打乱预订的计划，导致最终的结果与预期的计划不一致，有可能会给参与主体带来损失，影响参与主体的收益状况。造成环境风险的原因有很多，本书将其分为五种：第一，自然环境。农村三产融合发展的参与主体对自然环境的依赖性往往较大，因为农村产业融合发展以农业为核心，而农业受自然环境的影响较大，因此自然环境风险的发生很容易给参与主体造成损失，进而给融合发展造成不利影响。第二，市场环境。市场环境有时是瞬息万变的，有时也难以准确预测，市场变化会给农村产业融合发展带来有利或者不利的影响，市场变化中产生的风险会给参与主体造成利益损害。例如行业中出现新的强劲对手，或者市场中涌入大量外来竞争者，导致竞争压力加剧，甚至可能会出现低价竞争或者逆向淘汰的情况。再比如市场供给侧与需求侧改变给企业带来的影响也属于市场环境风险。参与主体自身对市场变化的反应力与灵敏程度也会给发展带来影响，如果本身对市场变化做出的反应不够灵敏，就很有可能被风险侵蚀，还有一种导致市场风险产生的可能就是企业自身的错误决策使其进入市场后面临一定的风险。第三，政策环境。相关政策的变动或者相关新政策的出台都会给农村产业融合发展带来一定的影响，一些参与主体可能因此要承担政策变化带来的风险和损失。当参与主体的经营活动与政策相违背时就会面临较大的风险，如果参与主体顺应政策的变化也很有可能给自身带来更多的利益。第四，技术环境。技术关系到农村产业融合的发展程度，融合发展也会面临技术环境改变的问题，技术环境的变化会给参与主体带来一定的风险。例如同行业企业的技术普遍提高，这样技术环境的变化就促使同行业其他参与主体引入更加先进的技术，但并非每个参与主体都有能力承担技术提升所需的资金以及人才等资源。再比如新技术的出现也会使参与主体面临技术环境风险,替代产品的产生也可能会给一些参与主体带来巨大的冲击。第五,法律环境。法律法规的变化也可能会给农村产业融合发展带来风险,使参与主体的利益受到损失。

3. 决策风险

农村产业融合发展中的决策风险识别就是对融合发展中可能会发生的决策失误的风险进行识别。决策风险主要是指在融合发展中参与主体决策出现失误而带来的风险。农村产业融合决策风险的种类有很多,但其中比较主要的是战略决策风险、经营管理风险、投资风险。

(三)农村产业融合发展风险识别的方法

农村产业融合发展风险识别的方法有很多,这里主要介绍以下几种:第一,流程图法。流程图法是将农村产业融合发展中产品经过的流程中的每个步骤进行分析以便识别风险,即分析农村产业融合发展的流程,然后识别其中存在的风险。在农村产业融合发展中,产品的初级状态是进行生产的经营主体获得的,然后作为原材料进入加工企业进行加工制造,得到的产品通过物流运输实现销售,最终进入消费者的手中,其中的每个环节都可能出现风险。流程图法将整个过程进行分段分析,有利于准确识别和定位风险。第二,调查列举法。调查列举法需要将融合发展中存在的各种风险罗列出来,按照一定的标准分类,风险的列举与调查都需要与之相关的专业人才,列举的风险种类也要具有广泛性和全面性。第三,财务分析法。财务分析法是以财务报表为基础进行风险分析,主要是对参与主体的资产负债表、利润表等财务资料进行分析。农村产业融合发展中各参与主体的财务资料也会反映其存在的风险,反映出其未来可能会面临的风险,通过对财务数据的研究能够更好地进行风险识别。

第二节 农村产业融合发展的风险管理模式

近年来,中国高度重视农业农村发展情况,逐步推进农村产业融合发展,但农村产业融合发展也面临着更加复杂多变的风险,与此同时,农村产业融合的参与主体可能会遭受风险带来的损失。例如农作物产量以及价格变化、市场供给需求变化、法律法规以及政策变化等带来的风险。随着风险的逐渐显现,实施风险管理变得十分具有必要性，提高农村产业融合参与主体的抗风险能力、保障农村产业融合参与主体的利益也变得十分重要。实施风险管理对推动农村产业融合发展、提高参与主体抗风险能力具有重要的现实意义。因此，本节将对风险管理进行深入研究，重点介绍风险管理的几种模式：远期合约与期货合约风险管理模式、期权合约风险管理模式以及价格保险＋场外期权＋期货市场风险管理模式。

一、远期合约与期货合约风险管理模式

远期合约与期货合约风险管理模式的优势在于考虑到了农民的利益，从保护农民的角度出发，在市场交易中运用远期合约、期货合约降低生产成本，为农民创造更多的利润空间，推动农民增收、农村繁荣，提高农民参与农村产业融合发展的积极性，有利于促进农村产业融合实现高质量长远发展。

（一）远期合约与期货合约的内涵

远期合约是指合约双方约定在未来某个时间按合约上约定的价格进行产品交易买卖的一种合约。远期合约的独特之处在于签订合约之后，在到达合约上约定时间的时候，无论此时约定产品的市场价格是高是低，合约双方都需要按照合约上签订的价格进行交易，而非按照市场价格进行交易。远期合约中的双方一个是买方，另一个是卖方，其中的买方又叫多方，卖方又叫空方。签订远期合约之后，买方可以在约定的日期按照合约上的价格购买该产品，该产品的价格不受市场价格的影响，对买方而言，其购买价格是固定的，即买方的成本是固定的，但是该产品的市场价格是不能确定的，因此买方的利益是不能确定的。买方的利益会随着该产品市场价格的变化而变化。当市场价格上涨时，买方获得的利益就会随之增加；反之，买方的利益便会下降。简单来说，买方的利益与远期合约中约定产品的市场价格呈同向变动的规律。签订远期合约之后，卖方可以在约定的日期按照合约上的价格卖出该产品，而不按市场价格进行交易，对卖方而言，其销售价格是确定的，因此卖方的收益是固定的。但是该产品的市场价格还是不能确定，因此卖方的成本无法确定。卖方的成本会随着该产品市场价格的变化而变化。当市场价格上涨时，卖方的成本就会随之增加；反之，卖方的成本便会下降。成本的变动会给卖方的利益造成影响。所以当产品的市场价格上涨时，卖方的利益就会减少；当产品的市场价格下降时，卖方的利益便会增加。简单来说，卖方的成本与远期合约中约定产品的市场价

格呈同方向变动的趋势，卖方的利益与远期合约中约定产品的市场价格呈反方向变动的趋势。

期货合约是指合约双方约定在未来某个时间上按照合约上签订的价格进行既定产品交易的合约，这种合约与远期合约较为相似。从一定含义上说，期货合约其实是远期合约中的一种。但是期货合约和远期合约相比有特殊之处，主要表现在以下几个方面：一是期货合约往往在交易所中出现，而远期合约广泛地存在于市场中。二是相对于远期合约来说，期货合约的标准化程度更高，合约双方签订的合约会更加详细具体，合约双方在履行合约时会更加标准；而远期合约的标准化程度相对会低一些，远期合约在签订时会更加灵活，没有较强的硬性规定，合约双方在履行合约时会以合约为基础，同时根据实际情况进行协商。因此远期合约更具有灵活性，而期货合约标准化程度更高。三是期货合约主要存在于交易所中，其涉及的交易者通常也是与交易公司进行交易，因此期货合约的违约风险相对较低；而远期合约的签订双方往往是直接进行交易，并非通过交易公司，因此远期合约中存在的违约风险相对较高。四是签订期货合约带来的盈利或亏损结果会在每个交易日进行结算，而远期合约的盈亏结果需要在到期日才能得到。五是期货合约的结算方式较多，远期合约的结算方式相对而言比较单一。期货合约在结算时可以选择使用现金或者实物，还能够选择平仓等其他方式；而远期合约通常是按照合约上的规定方式进行结算。远期合约与期货合约的特点如表 5-1 所示。

表 5-1 远期合约与期货合约的特点

合约	相同点	不同点
远期合约	内涵相似：合约双方约定在未来某个时间按合约上约定的价格进行既定产品交易买卖的一种合约 共同的功能作用：套期保值	交易场所：市场 交易特点：灵活性高，违约风险高，交易日结算盈利状况 结算方式：按合约规定方式
期货合约		交易场所：交易所 交易特点：标准化程度高，违约风险低，到期日结算盈利状况 结算方式：平仓、现金、实物等

远期合约与期货合约有相似之处，也存在各自不同的特点，但两者具有的一个共同的重要作用就是套期保值。农村产业融合发展风险管理与远期合约、期货合约结合的目的就是利用远期合约与期货合约的套期保值作用进行风险规

避，保障参与主体的利益。

（二）套期保值

套期保值是指经营主体在期货市场上买入或者卖出与在现货市场卖出或者买入数量相同的产品，运用对冲机制，以达到减少损失的目的。通俗点来说，套期保值就是当经营主体在现货市场上买入产品时，如果该产品价格此时较高便发生了亏损，这时便在期货市场上卖出之前购入的期权以获得操作收益，这样就能用收益抵消现货市场上的亏损，从而减少经营主体要承担的损失，反之亦然。套期保值运用期货市场与现货市场的盈亏对冲机制来降低价格波动带来的风险，从而减少价格波动带来的损失，保障自身的利益。

套期保值功能的发挥也需要依赖市场的运行规律，套期保值的运行机理体现在以下几个方面：一是期货市场与现货市场处于同一市场大环境下，市场变化对期货市场与现货市场具有一样的作用力，两个市场受市场中相同影响因素的约束，因此商品在现货市场与期货市场中的价格变动趋势是一致的。二是越接近期货交割日这个时间点，在这一时间点上的期货市场与现货市场中同一商品的价格越接近。三是农产品基于成本定价原则，均衡该产品的市场价格水平，可大量使用期现套利手段。

套期保值运用盈亏对冲机制将现货市场与期货市场联系起来，在期货市场上进行操作交易，从而达到降低亏损、规避风险的目的。其中的对冲机制其实就是在期货与现货之间建立联系，也是在近期与远期之间建立联系，无论价格如何变动，现货或期货市场亏损多大，均可采用套期保值，降低价格波动带来的风险，使现货市场与期货市场进行对冲，从而实现盈亏相抵的效果，保证企业成本处于相对平稳的状态。在市场中还存在许多金融投机者，这些投机者的存在使市场变得更加活跃，有利于对冲机制发挥作用，使期货市场与现货市场建立有效联系，达到风险规避的目的。

（三）农村产业融合套期保值规避发展风险运用

下面基于远期合约并选取农场与企业主要经营主体作为例子进行解释说明，以期能够更加直观明了地展现套期保值如何在农村产业融合中发挥其作用。套期保值可以分为两种类型：卖出与买入。

案例1：买入套期保值。

假设202×年5月，玉米的现货市场价格为每吨2200元，玉米的期货市场价格为每吨2250元，某玉米加工企业计划到10月购入玉米作为原材料，预计玉米购入量为 100 吨，企业预测玉米价格可能会上涨，因此 10 月购入玉米所花费的成本可能会比较高。农场为了规避玉米价格上涨带来的风险，便在期货市场上进行玉米期货交易。等到 10 月购入玉米的时候，如果玉米的现货价格真的上涨了，企业此时进行玉米交易状况有以下几种。

（1）市场状况一：现货价格变动幅度与期货价格变动幅度一致。

玉米加工企业买入套期保值情况是在期货市场上先买入后卖出，这两步操作是买入期货保值的特征，也是完成买入期货保值必须进行的两步。如表 5-2 所示，玉米加工企业进行的第一笔交易是 5 月在期货市场上进行买入交易，然后在 10 月卖出数量相同的期货，5 月与 10 月的价格差使玉米加工企业在期货市场中获得盈利 9000 元。在现货市场中，玉米价格虽然出现上涨的不利状况，使玉米加工企业亏损了 9000 元，但企业在期货市场中获得的盈利 9000 元正好能够与现货市场中受到的亏损 9000 元相互抵消。在期货市场的操作，降低了市场中价格波动给玉米加工企业带来的风险，能够减少玉米加工企业受到的损失。这个案例中买入套期保值最后锁定的是玉米加工企业 10 月购入玉米的费用。

表 5-2　玉米加工企业买入套期保值状况（一）

玉米	202×年 5 月	202×年 10 月	价格变动	盈亏状况	套期保值结果
现货市场	2200 元/吨	买入现货 100 吨，价格为 2290 元/吨	90 元/吨	$-90\times100=-9000$（元），亏损 9000 元	$-9000+9000=0$（元），盈亏相抵
期货市场	买入期货合约 100 吨，价格为 2250 元/吨	卖出 10 手（1 手：10 吨）玉米期货合约，价格为 2340 元/吨	90 元/吨	$90\times100=9000$（元），盈利 9000 元	

（2）市场状况二：现货价格变动幅度大于期货价格变动幅度。

市场中不仅可能出现现货价格与期货价格波动相一致的情况，也会出现现货价格变动幅度大于期货价格变动幅度的情况，如表 5-3 所示。从 5 月到 10 月，玉米现货价格上涨 90 元，期货价格上涨 80 元，现货价格变动幅度大于期货价格变动幅度，玉米加工企业在现货市场上亏损 9000 元，在期货市场盈利 8000 元，期货市场的盈利不足以弥补在现货市场上的亏损，最后的结果就是套期保值的结果小于 0。但是由于期货市场的操作获得了盈利，使亏损从 9000 元降低到了 1000 元，这种情况下的套期保值仍然起到了降低风险、减少亏损的作用。

表5-3　玉米加工企业买入套期保值状况（二）

玉米	202×年5月	202×年10月	价格变动	盈亏状况	套期保值结果
现货市场	2200元/吨	买入现货100吨，价格为2290元/吨	90元/吨	−90×100＝−9000（元），亏损9000元	−9000＋8000＝−1000（元），亏损1000元
期货市场	买入期货合约100吨，价格为2250元/吨	卖出10手（1手：10吨）玉米期货合约，价格为2330元/吨	80元/吨	80×100＝8000（元），盈利8000元	

（3）市场状况三：现货价格变动幅度小于期货价格变动幅度。

表5-4是市场中出现现货市场价格变动幅度小于期货市场价格变动幅度时的情况。从5月到10月，玉米现货价格上涨90元，期货价格上涨100元，现货价格变动幅度小于期货价格变动幅度，玉米加工企业在现货市场亏损9000元，在期货市场上盈利10000元，期货市场的盈利大于现货市场上的亏损，玉米加工企业盈利1000元，这一操作带来的是套期保值结果大于0。这种情况下，套期保值不仅完全抵消了现货市场上的亏损，最终还使玉米加工企业获得了盈利，更体现了其降低风险、减少亏损的作用。

表5-4　玉米加工企业买入套期保值状况（三）

玉米	202×年5月	202×年10月	价格变动	盈亏状况	套期保值结果
现货市场	2200元/吨	买入现货100吨，价格为2290元/吨	90元/吨	−90×100＝−9000（元），亏损9000元	−9000＋10000＝1000（元），盈利1000元
期货市场	买入期货合约100吨，价格为2250元/吨	卖出10手（1手：10吨）玉米期货合约，价格为2350元/吨	100元/吨	100×100＝10000（元），盈利10000元	

案例2：卖出套期保值。

假设202×年5月，玉米的现货市场价格为每吨2200元，玉米的期货市场价格为每吨2250元，某农场计划到10月玉米收获的时候进行出售，该农场预计收获100吨，但农场主预测玉米价格可能会下跌，因此10月出售玉米获得的收益可能会降低。农场为了规避玉米价格下跌带来的风险，便在期货市场上进行玉米期货交易。等到 10 月玉米收获的时候,如果玉米价格真的下跌了,农场此时进行玉米交易出现的状况有以下几种。

(1)市场状况一:现货价格与期货价格变动幅度相同。

农场卖出套期保值情况是在期货市场上先卖出后买入,这两步操作是卖出期货保值的特征,也是完成卖出期货保值必须进行的两步。如表 5-5 所示,农场主进行的第一笔交易是 5 月在期货市场上进行卖出交易,然后在 10 月买入数量相同的期货,5 月与 10 月的价格差使农场主在期货市场中获得盈利 9000 元。在现货市场中,玉米价格虽然出现下跌的不利状况,使农场主亏损了 9000 元,但农场主在期货市场中获得的盈利 9000 元正好能够与现货市场中受到的亏损 9000 元相互抵消。在期货市场的操作,降低了市场中价格波动给农场主带来的风险,能够减少农场主受到的损失。这个案例中卖出套期保值最后锁定的是 10 月出售玉米的收益。

表 5-5 农场卖出套期保值状况(一)

玉米	202×年 5 月	202×年 10 月	价格变动	盈亏状况	套期保值结果
现货市场	2200 元/吨	买入现货 100 吨,价格为 2290 元/吨	−90 元/吨	−90×100=−9000(元),亏损 9000 元	−9000+9000=0(元),盈亏相抵
期货市场	买入期货合约 100 吨,价格为 2250 元/吨	卖出 10 手(1 手:10 吨)玉米期货合约,价格为 2160 元/吨	−90 元/吨	90×100=9000(元),盈利 9000 元	

(2)市场状况二:现货价格变动幅度大于期货价格变动幅度。

市场中不仅可能出现现货价格与期货价格波动相一致的情况,也会出现现货价格变动幅度大于期货价格变动幅度的情况,如表 5-6 所示。从 5 月到 10 月,玉米现货价格下跌 90 元,期货价格下跌 80 元,现货价格变动幅度大于期货价格变动幅度,农场主在现货市场上亏损 9000 元,在期货市场盈利 8000 元,期货市场的盈利不足以弥补在现货市场上的亏损,最后的结果就是套期保值的结果小于 0。但是由于期货市场的操作获得了盈利,使亏损从 9000 元降低到了 1000 元,这种情况下的套期保值仍然起到了降低风险、减少亏损的作用。

表 5-6　农场卖出套期保值状况（二）

玉米	202×年5月	202×年10月	价格变动	盈亏状况	套期保值结果
现货市场	2200元/吨	买入现货100吨，价格为2290元/吨	－90元/吨	－90×100＝－9000（元），亏损9000元	－9000＋8000＝－1000（元），亏损1000元
期货市场	买入期货合约100吨，价格为2250元/吨	卖出10手（1手：10吨）玉米期货合约，价格为2170元/吨	－80元/吨	80×100＝8000（元），盈利8000元	

（3）**市场状况三**：现货价格变动幅度小于期货价格变动幅度。

表 5-7 是市场中出现现货市场价格变动幅度小于期货市场价格变动幅度的情况。从 5 月到 10 月，玉米现货价格下跌 90 元，期货价格下跌 100 元，现货价格变动幅度小于期货价格变动幅度，农场主在现货市场亏损 9000 元，在期货市场上盈利 10000 元，期货市场的盈利大于现货市场上的亏损，农场主盈利 1000 元，这一操作带来的是套期保值结果大于 0。这种情况下，套期保值不仅完全抵消了现货市场上的亏损，最终还使农场主获得了盈利，更体现了其降低风险、减少亏损的作用。

表 5-7　农场卖出套期保值状况（三）

玉米	202×年5月	202×年10月	价格变动	盈亏状况	套期保值结果
现货市场	2200元/吨	买入现货100吨，价格为2290元/吨	－90元/吨	－90×100＝－9000（元），亏损9000元	－9000＋10000＝1000（元），盈利1000元
期货市场	买入期货合约100吨，价格为2250元/吨	卖出10手（1手：10吨）玉米期货合约，价格为2150元/吨	－100元/吨	100×100＝10000（元），盈利10000元	

在农村产业融合发展中，农场与农业企业进行风险管理时，可以选择签订远期合约或者期货合约的方式，运用期货市场与现货市场中存在的关系，发挥合约套期保值的功能，降低现货市场中存在的价格波动风险，减少农村产业融合参与主体受到的损失，还有可能为参与主体带来额外收益。期货保值在市场价格出现不利情况时能够为签约主体带来好处，但是在市场价格出现有利状况时，期货保值就不能使签约主体享受市场带来的好处。

二、期权合约风险管理模式

期权合约能够使参与主体享受到优先选择权,有利于参与主体规避风险,从而更好地保障参与主体的利益。

(一) 期权合约的内涵

期权合约是指能够约束签约方按照合约上规定的时间点进行既定商品的交易,并按照合约上的规定进行结算的一种合约。期权合约的购买者在签订合约时要向合约的卖出者支付一笔期权费,只有支付了这笔费用,才能取得期权合约赋予购买者的权利,这项权利就是优先选择权。期权合约的卖出者在获得购买者支付的期权费之后,就必须根据购买者做出的选择履行合约。

根据规避的风险,期权合约可以分为两种类型:一类是看涨期权。看涨期权是指该项期权的购买者拥有在合约规定的时间点上按照既定的价格向该合约的卖出者买入既定商品的权利。另一类是看跌期权。看跌期权是指该项期权的购买者拥有在合约规定的时间点上按照既定的价格向该合约的卖出者卖出既定商品的权利。期权合约还可以按执行时限划分为两种类型:美式期权和欧式期权。美式期权是指该项期权的购买者可以在到期日之前的所有时间点执行合约上赋予的权利,欧式期权是指该项期权的购买者只能在到期日的那一时间点进行商品交易以及执行权利。

(二) 期权合约的运用

农村产业融合发展以农业、农村为基础,而农业与工业、服务业相比,其自身实力与发展能力较为欠缺、附加值较低,导致经济效益不够高。农产品的市场稳定性会受到生产量丰产或减产的影响,农村融合发展出现风险。为了降低农村产业融合参与主体遭受的市场风险,这里将详细介绍风险规避的另一个重要途径:期权合约的运用。农村产业融合的参与主体对期权合约的运用主要分为购买看涨期权或者购买看跌期权,这些操作能够降低参与主体面临的市场风险并减少亏损。下面运用举例子的方式以便更加清晰明了地阐述如何在市场中运用期权合约实现风险规避。

1. 看涨期权的运用

随着经济的不断发展,农资市场也获得了更多的发展机会,农资市场的活力正在被激发出来。与此同时,市场环境也变得更加复杂多变,农资价格随之产生波动,因此农业主体便会面临更多的市场风险。农资价格的不断上涨使农村产业融合发展参与主体的利润空间被压缩,国家对此高度重视,出台了许多约束农资价格上涨的政策,但这些政策带来的作用并不是非常明显,农资价格仍然不够稳定。为了应对农资市场中的价格波动风险,农户可以运用看涨期权,通过向卖方支付一定的保证金,从而获得在未来特定时间内按照特定价格买入一定数量农资商品的权利。农资市场中,看涨期权的购买者能够获得合约赋予的权利进行风险规避,而看涨期权的卖出者就需要履行合约规定的义务,并且承担市场变化带来的价格波动风险。在看涨期权中特定的时间里,对比市场价格与执行价格,购买者的优势在于择其低者进行交易。简单来说就是当农资商品的市场价格大于执行价格时,购买者便选择以执行价格进行交易;当农资商品的市场价格小于执行价格时,购买者便选择以市场价格进行交易。因此,购买看涨期权能够使农村产业融合的参与主体获得优先选择权,不管市场价格如何变化,参与主体购买商品的最高价格被确定,这有利于参与主体进行价格波动风险的规避,减少损失,保护自身利益。

如图5-6所示更加清晰直观地展示了农场购买看涨期权时,期权费、市场价格与执行价格之间的关系。图5-6中的 M 代表看涨期权中的期权费, Y 代表商品的执行价格, P 代表商品的市场价格。当市场价格小于执行价格时,即 $P<Y$,农场便选择以市场价格 P 进行交易,但由于签订合约时付出了一笔期权费,所以农场进行交易的实际价格应该是市场价格加上期权费,也就是 $P+M$;当市场价格大于执行价格时,即 $P>Y$,农场便选择以执行价格 Y 进行交易,但由于签订合约时付出了一笔期权费,所以农场进行交易的实际价格应该是市场价格加上期权费,也就是 $Y+M$。农场在获得看涨期权后,无论市场价格如何变化,最终进行交易的实际价格均被限制在 $Y+M$ 以下。

图5-6 农场运用看涨期权的价格图示

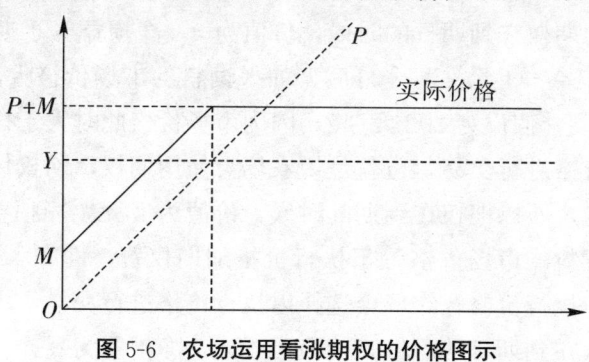

举个例子,某农场购买饲料看涨期权,看涨期权特定的时间为签订后的两

◇ 农村产业融合发展的理论研究与实践

个月，假设该饲料当前的期货价格为每袋 200 元，执行价格也是每袋 200 元，期权费为每袋 4 元。两个月后，不管饲料价格如何变动，农场购进每袋饲料的实际价格均不会超过 204 元。两个月后，假设饲料的市场价格为 191 元/袋，此时饲料的市场价格低于执行价格 200 元/袋，因此农场会选择较低的价格进行交易，即选择市场价格 191 元/袋，但是由于期权费的存在，农场进行交易的实际价格是 195 元/袋。两个月后，假设饲料的市场价格为 205 元/袋，此时饲料的市场价格高于执行价格 200 元/袋，因此农场会选择较低的价格进行交易，即选择执行价格 200 元/袋，但是由于期权费的存在，农场进行交易的实际价格是 204 元/袋。从这个例子中可以更加明了地看出无论市场价格怎样变动，可以通过看涨期权控制购买的最高价格，无论市场价格高于执行价格多少，实际购买价格均可以控制为执行价格与期权费之和，在例子中就是 204 元/袋。

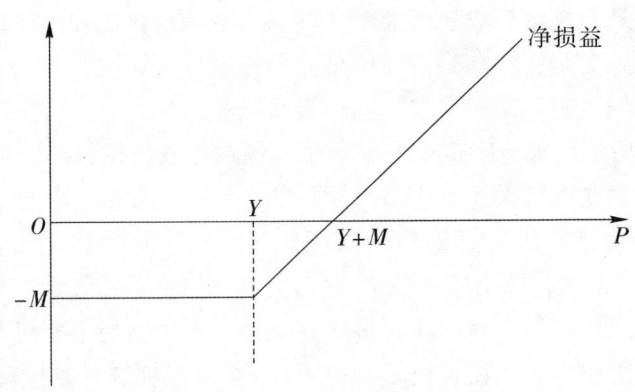

图 5-7　看涨期权到期日的净损益

结合图 5-7，进一步分析看涨期权的例子可以得出：两个月后，如果饲料的市场价格小于执行价格 200 元/袋，农场会选择以市场价格进行交易，不会使用期权，因此期权在到期日的时候，价值为 0，净损益等于期权价值减去期权成本，即 0－4＝－4 元；两个月后，如果饲料的市场价格大于 200 元/袋并且小于 204 元/袋，假设为 202 元/袋，因为市场价格此时大于执行价格，农场会选择以执行价格进行交易，也就是说农场会使用期权，期权价值等于市场价格减去执行价格，所以期权在到期的时候，价值为 2 元，净损益为－2 元；两个月后，如果饲料的市场价格等于执行价格加期权费，即 204 元/袋，因此市场价格此时大于执行价格，农场会选择以执行价格进行交易，也就是说农场会使用期权，期权在到期日的时候，价值为 4 元，净损益为 0 元；两个月后，如果饲料的市场价格大于 204 元/袋，假设为 208 元/袋，因为市场价格此时大于执行价格，农场会选择执行期权，期权在到期日的时候，价值为 8 元，净损益为 4 元。因此，在看涨期权中，当商品的市场价格小于执行价格与期权费之和时，购买者获得的净损益为负，但净损益的最小值被控制为负的期权费；当商品的市场价格等于执行价格与期权费之和时，购买者获得的净损益为 0；当商品的市场价格大于执行价格与期权费之和时，购买者获得的净损益为正，且无最大值限制。表 5-8 对看涨期权的机理进行了直观的展示。

表 5-8 看涨期权中的损益

		市场价格	执行价格	实际价格	期权价值	净损益
市场价格 <执行价格	符号	P	Y	$P+M$	0	$-M$
	下降 10%	190	200	194	0	-4
	下降 30%	140	200	144	0	-4
市场价格 >执行价格	符号	P	Y	$Y+M$	$P-Y$	$P-Y-M$
	上升 10%	220	200	224	20	16
	上升 30%	260	200	224	60	56

2. 看跌期权的运用

为了应对农资市场中的价格波动风险，农户不仅可以运用看涨期权，也可以运用看跌期权。农户购买看跌期权需要付出一定的期权费，根据签订的合约，在特定的时间点以特定的价格向看跌期权的卖方卖出一定数量的商品。农资市场中，看跌期权的卖出者需要履行合约规定的义务，当购买者选择要卖出商品时，卖出者必须承担购买商品的义务，同时也会承担市场变化带来的价格波动风险。在看跌期权中特定的时间里，对比市场价格与执行价格，购买者的优势在于择其高者进行交易，简单来说就是当农资商品的市场价格大于执行价格时，购买者便选择以市场价格进行交易，当农资商品的市场价格小于执行价格时，购买者便选择以执行价格进行交易。因此，购买看跌期权能够使农村产业融合的参与主体获得优先选择权，不管市场价格如何变化，参与主体出售商品的最低价格被限制到了一个定值，这有利于参与主体进行价格波动风险的规避，减少损失，保护自身利益。

图 5-8 更加清晰直观地展示了购买者购买看跌期权时，期权费、市场价格与执行价格之间的关系。图 5-9 中的 M 代表看跌期权中的期权费，Y 代表商品的执行价格，P 代表商品的市场价格。当市场价格大于执行价格时，即 $P>Y$，期权持有者便选择以市场价格 P 进行交易，但由于签订合约时付出了

一笔期权费，所以持有者进行交易的实际价格应该是市场价格减去期权费，也就是 $P-M$；当市场价格小于执行价格时，即 $P<Y$，持有者便选择以执行价格 Y 进行交易，但由于签订合约时付出了一笔期权费，所以持有者进行交易的实际价格应该是执行价格减去期权费，也就是 $Y-M$。由上述可知，持有者在获得看跌期权后，无论市场价格如何变化，最终进行交易的实际价格均被限制在 $Y-M$ 以上。

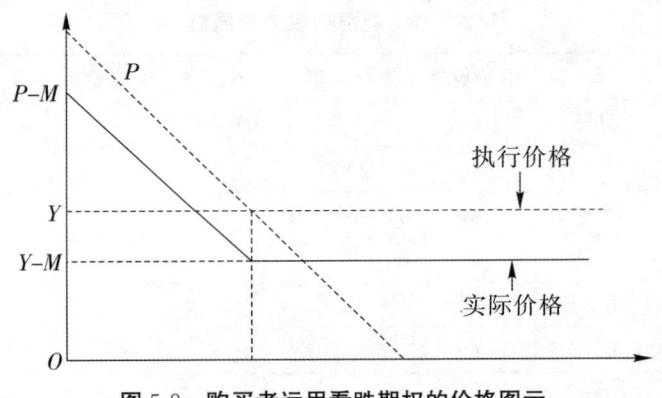

图 5-8　购买者运用看跌期权的价格图示

举个例子，某饲料厂购买饲料看跌期权，看跌期权特定的时间为签订后的两个月，假设该饲料当前的期货价格为每袋 200 元，执行价格也是每袋 200 元，饲料厂付出的期权费为每袋 4 元。两个月后，不管饲料价格如何变动，饲料厂出售每袋饲料的实际价格均不会低于 196 元。两个月后，假设饲料的市场价格为 206 元/袋，此时饲料的市场价格高于执行价格 200 元/袋，因此饲料厂会选择较高的价格出售饲料，即选择市场价格 206 元/袋，但是由于付出了期权费，农场进行交易的实际价格是 202 元/袋。两个月后，假设饲料的市场价格为 195 元/袋，此时饲料的市场价格低于执行价格 200 元/袋，因此饲料场会选择较高的价格进行交易，即选择执行价格 200 元/袋，但是由于付出了期权费，饲料厂进行交易的实际价格是 196 元/袋。从这个例子中可以更加明了地看出无论市场价格怎样变动，可以通过看跌期权控制出售的最低价格，无论市场价格低于执行价格多少，实际卖出价格均可以控制为执行价格减去期权费之后的价格，在例子中就是 196 元/袋。

结合图 5-9，进一步分析看跌期权的例子可以得出：两个月后，如果饲料的市场价格大于执行价格 200 元/袋，饲料厂会选择以市场价格进行交易，不会使用期权，因此期权在到期日的时候，价值为 0，净损益等于期权价值减去期权成本，即 $0-4=-4$ 元；两个月后，如果饲料的市场价格小于 200 元/袋并且大于196元/袋,假设为198元/袋,因为市场价格此时小于执行价格,饲料厂会选择以执行价格进行交易,也就是说饲料厂会使用期权,看跌期权价值等于执行价格减去市场价格,所以期权在到期日的时候,价值为2元,净损益为-2元;两个月后,如果饲料的市场价格等于执行价格减期权费,即196元/袋,因为此时的执行价格大于市场价格,饲料厂会选择以执行价格进行交易,也就是说饲料厂会使用期权,期权在到期日的时候,价值为4元,净损益为0元;两个月后,如果饲料的市场价格小于196元/袋,假设为192元/袋,因为执行价格此时大于市场价格,饲料厂会选择执行期权,期权在到期日的时候,价值为8元,净损益为4元。因此,在看跌期权中,当商品的市场价格大于执行价格减期权费时,购买者获得的净损益为负,但净损益的最小值被控制为负的期权费;当商品的市场价格等于执行价格减期权费时,购买者获得的净损益为0;当商品的市场价格小于执行价格减期权费时,购买者获得的净损益为正。表5-9对看跌期权的机理进行了直观的展示。

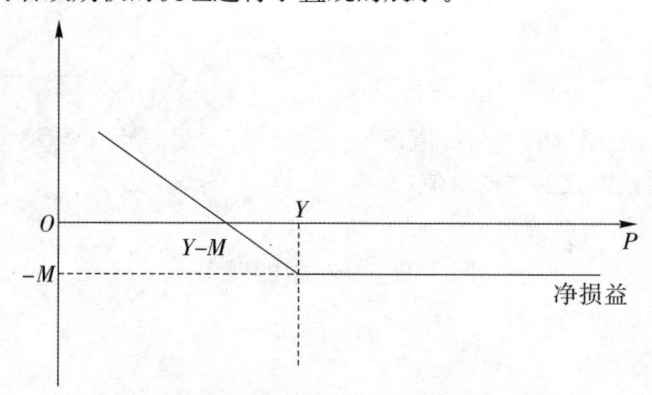

图 5-9　看跌期权到期日的净损益

表 5-9　看跌期权中的损益

	符号/幅度	市场价格	执行价格	实际价格	期权价值	看跌期权净损益
市场价格 >执行价格	符号	P	Y	$P-M$	0	$-M$
	上升5%	210	200	206	0	-4
	上升15%	230	200	226	0	-4
市场价格 <执行价格	符号	P	Y	$Y-M$	$Y-P$	$Y-P-M$
	下降5%	190	200	196	10	6
	下降15%	170	200	196	30	26

(三) 期权费用的确定

想要更好地发挥期权合约的作用,必须对期权费进行科学的计算。下面选择布莱克-斯科尔斯期权定价模型进行期权费用的确定。

前提。运用布莱克-斯科尔斯期权定价模型来确定期权费用需要一定的前提条件,即做出以下相关假设:一是进行期权交易没有交易成本;二是在期权有效期内,短期无风险利率;三是在到期日进行商品交易;四是农资价格浮动随机。

模型内容。布莱克-斯科尔斯期权定价模型中的公式:

$$C_0 = S_0[N(d_1)] - Xe^{-rt}[N(d_2)] = S_0[N(d_1)] - PV(X)[N(d_2)]$$

$$P = Xe^{-rt}[N(-d_2)] - S_0[N(-d_1)]$$

$$d_1 = \frac{\ln(S_0 \div X) + [r_c + (\sigma^2 \div 2)]t}{\sigma\sqrt{t}} = \frac{\ln[S_0 \div 2PV(X)]}{\sigma\sqrt{t}} + \frac{\sigma\sqrt{t}}{2}$$

$$d_2 = d_1 - \sigma\sqrt{t}$$

其中:

C_0——看涨期权的当前价值;

P——看跌期权的当前价值;

S_0——农资当期价格;

$N(d)$——离差小于标准正态分布中的概率;

X——执行价格;

e——约等于 2.7183;

r_c——无风险利率,本书以国债利率表示;

t——期权到期日前的时间(年);

$\ln(S_0 \div X)$——$(S_0 \div X)$ 的自然对数;

σ^2——农资市场价格波动率的方差。

布莱克-斯科尔斯期权定价模型的运用。为了更加清晰明了地展现布莱克-斯科尔斯期权定价模型在现实中的运用,以山东青岛地区为例,假设某农场在 2021 年开始养殖生猪前购买了豆粕看涨期权和生猪看跌期权。

(1) 看涨期权。农场购买豆粕看涨期权,当前豆粕价格 S_0 为 3250 元/吨,假设执行价格 X 为 3250 元/吨,国债利率 r_c 为 4.27%,距离到期日的时间 t 为 3 个月。表 5-10 所示为 2020 年山东青岛地区的豆粕价格及波动率。

表 5-10　2020 年山东青岛地区的豆粕价格及波动率

日期	价格（元/吨）	波动率（与1月相比）
2020.1	2700	—
2020.2	2900	7.41%
2020.3	2930	8.52%
2020.4	3100	14.81%
2020.5	2710	0.37%
2020.6	2710	0.37%
2020.7	2910	7.78%
2020.8	2930	8.52%
2020.9	2990	10.74%
2020.10	3300	22.22%
2020.11	3260	20.74%
2020.12	3250	20.37%
平均值	2974	11.08%
标准差	—	7.61%
方差	—	0.58%

资料来源：中国饲料行业信息网。

由此可得：

$$d_1 = \frac{\ln(S_0 \div X) + [r_c + (\sigma^2 \div 2)]t}{\sigma\sqrt{t}}$$

$$= \frac{\ln(3250 \div 3250) + [4.27\% + (0.0058 \div 2)]0.25}{0.0761\sqrt{0.25}}$$

$$= 0.30$$

$$d_2 = d_1 - \sigma\sqrt{t} = 0.3 - 0.0761\sqrt{0.25} = 0.26$$

$$C_0 = S_0[N(d_1)] - Xe^{-rt}[N(d_2)]$$

$$= 3250[N(0.30)] - 3250 \times 2.7183^{-4.27\% \times 0.25}[N(0.26)]$$

$$= 3250 \times (0.6179) - 3250 \times 2.7183^{-4.27\% \times 0.25} \times (0.6026)$$

$$= 70.5204$$

通过以上的计算，农场购买豆粕看涨期权时，需要支付的期权费为 70.5204 元/吨。

(2) 看跌期权。农场购买生猪看跌期权,生猪当前的价格 S_0 为 33.10 元/千克,假设执行价格 X 为 33.10 元/千克,国债利率 r_c 为 4.27%,距离到期日的时间 t 为 3 个月。表 5-11 所示为 2020 年山东省生猪价格及波动率。

表 5-11　2020 年山东省生猪价格及波动率

日期	价格（元/千克）	波动率（与 1 月相比）
2020.1	35.90	—
2020.2	36.11	0.58%
2020.3	35.42	−1.34%
2020.4	32.32	−9.97%
2020.5	27.00	−24.79%
2020.6	32.08	10.64%
2020.7	37.44	4.29%
2020.8	35.64	0.72%
2020.9	33.90	5.57%
2020.10	29.18	−18.72%
2020.11	28.60	20.33%
2020.12	33.10	7.80%
平均值	33.06	−0.44%
标准差	—	13.04%
方差	—	1.70%

资料来源：中国养猪网。

由此可得：

$$d_1 = \frac{\ln(S_0 \div X) + [r_c + (\sigma^2 \div 2)]t}{\sigma\sqrt{t}}$$

$$= \frac{\ln(33.10 \div 33.10) + [4.27\% + (0.0170 \div 2)]0.25}{0.1304\sqrt{0.25}}$$

$$= 0.1963$$

$$d_2 = d_1 - \sigma\sqrt{t} = 0.1963 - 0.1304\sqrt{0.25} = 0.1311$$

$$C_0 = S_0[N(d_1)] - Xe^{-rt}[N(d_2)]$$

$$= 33.10[N(0.20)] - 33.10 \times 2.7183^{-4.27\% \times 0.25}[N(0.13)]$$

$$= 33.10 \times (0.5793) - 33.10 \times 2.7183^{-4.27\% \times 0.25} \times (0.5517)$$

＝1.1075

通过以上的计算，农场购买生猪看跌期权时，需要支付的期权费为1.1075元/千克。

（四）期权费用的结论

如今我国农业主体面临着生产成本不断上升且农产品价格持续低下的双重压迫，难以拓展利润空间，因此农业、农村、农民发展需要国家和社会各界的支持与帮助，进行风险规避从而降低市场风险给参与主体带来的损失，帮助农业主体认识期权并能够运用期权。农业主体应该在农资市场上购买看涨期权，这样能够将农资的最高价格限制在确定值上，降低农资价格大幅度上涨给经营主体带来的风险；在农产品市场买入看跌期权，防止农产品大幅掉价给农场主带来损失。推动农村产业融合发展不仅要提高农业主体的素质和知识水平，还要引导社会各界参与农村产业融合，对做出贡献的企业进行奖励，例如税收减免等，提高企业参与融合的积极性，促进社会资源进入农村并带动农业农村发展。

三、价格保险＋场外期权＋期货市场风险管理模式

风险管理的模式不仅包括期权期货模式，价格保险＋场外期权＋期货市场风险管理模式也在市场当中逐渐出现。价格保险＋场外期权＋期货市场风险管理模式其实是将保险行业与期货市场结合在一起，利用保险、期权以及期货建立起规避市场风险、降低自身亏损的机制，更好地进行风险管理，使农户的利益得到有效保障。这一模式的应用不仅能够发挥期货市场中盈亏对冲的作用，还能使保险行业参与到农村产业融合中，这为农产品价格波动提供新的解决思路，值得探索。

（一）价格保险＋场外期权＋期货市场风险管理模式的内涵

价格保险＋场外期权＋期货市场风险管理模式的内容主要体现在以下几个方面：其一，保险公司根据期货市场的情况，并结合农产品未来的价格走势，从农户的角度出发，制定出合理的、适合农户购买的保险产品。其二，农户为了避免产品价格下跌带来的风险可以购买这种保险产品。其三，农户通过购买保险产品，将产品价格波动风险转移给保险公司；同时，保险公司可以通过购买看跌期权并运用对冲机制进行风险规避，保障自身利益。其四，看跌期权的

卖出者期货公司也需要一些手段来规避风险并保障自身利益，因此期货公司可以通过卖出产品期货实现盈亏对冲。价格保险＋场外期权＋期货市场风险管理模式能够在农户、保险公司与期货公司之间建立联系，使三者能够共同承担市场中出现的价格风险，形成利益联结的链条，增强农户抵御风险的能力，也有利于保障农户、保险公司以及期货公司的利益。图 5-10 更加直观地展示了价格保险＋场外期权＋期货市场风险管理模式的内容。

| 农户 | 购买保险
价格保险 | 保险
公司 | 购买看跌期权
场外期权 | 期货
公司 | 卖出期权
对冲交易 | 期货
市场 |

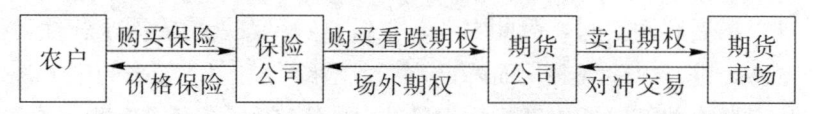

图 5-10 价格保险＋场外期权＋期货市场风险管理模式内容图示

（二）价格保险＋场外期权＋期货市场风险管理模式的特点

价格保险＋场外期权＋期货市场风险管理模式的特点主要表现在以下几个方面：一是保险价格与后期期货合约中签订的价格存在一定的相关性；二是在这一模式下，农户与期货市场之间建立的不是直接联系，而是通过保险公司、期货公司建立的间接联系，保险公司在市场中可以选择是否购买期权，保险公司在这方面具有自主权；三是在这一模式下，保险合约中不仅约定了农产品价格，还会确定农产品的交易量，如果价格波动，保险公司需要履行保险中规定的义务，那实际赔偿的数额是保险中约定的产品价格差异与产品数量的乘积；四是农户在购买保险时，可以按照自身需求选择适合的保险产品，保险公司根据客户不同的需求为其提供不同的产品，农户可以选择不同产品数量、价格标准的保险产品。

（三）价格保险＋场外期权＋期货市场风险管理模式的运用

为了更好地阐述价格保险＋场外期权＋期货市场风险管理模式的运行机理，下面将基于这一模式进行举例说明。

2020 年 6 月，黑龙江省的大豆价格集中在 5500 元/吨左右，假设此时黑龙江省某地一大豆合作社 M 向一保险公司 N 购买与大豆价格相关的保险产品，N 保险公司为 M 合作社提供了 600 吨保额的大豆价格保险，以 5500 元/吨作为保险的目标价格，其中保险费率为 5%，M 合作社要向 N 保险公司支付的费用为 165000 元，如表 5-12 所示。

表 5-12　M 合作社与 N 保险公司签订的保险

目标价格	5500 元/吨
投保数量	600 吨
保险费率	5%
投保人	M 合作社
保费	16.5 万元
受益人	M 合作社
投保时间	2020 年 6 月
保险内容	按照双方签订合约中的规定,在符合保险内容条件的情况下,如果 M 合作社所在地大豆现货价格在合约约定的月份低于约定价格,保险生效,保险公司按照合同约定进行赔偿
赔偿条件	需要进行赔偿时,赔偿参考价格为 2020 年 9 月 25 日 M 合作社所在地大豆现货价格,如果现货价格低于 5500 元/吨,保险公司将按照合同约定履行义务,进行赔偿

N 保险公司在向 M 合作社出售该保险的同时,向 Q 期货公司购买了 600 吨的大豆看跌期权,如表 5-13 所示。

表 5-13　大豆价格以及波动率

日期	价格（元/吨）	波动率（与 1 月相比）
2020.1	3700	—
2020.2	4060	9.72%
2020.3	4420	19.46%
2020.4	4780	29.19%
2020.5	5140	38.92%
2020.6	5500	48.65%
平均值	4600	29.19%
标准差	—	15.35%
方差	—	2.36%

由此可得:

$$d_1 = \frac{\ln(S_0 \div X) + [r_c + (\sigma^2 \div 2)]t}{\sigma\sqrt{t}}$$

$$= \frac{\ln(33.10 \div 33.10) + [4.27\% + (0.0236 \div 2)]0.25}{0.1535\sqrt{0.25}}$$

$$= 0.1775$$

$$d_2 = d_1 - \sigma\sqrt{t} = 0.1775 - 0.1535\sqrt{0.25} = 0.1008$$

$$C_0 = S_0[N(d_1)] - Xe^{-rt}[N(d_2)]$$

$$= 5500[N(0.18)] - 5500 \times 2.7183^{-4.27\% \times 0.25}[N(0.10)]$$

$$= 5500 \times (0.5714) - 5500 \times 2.7183^{-4.27\% \times 0.25} \times (0.5398)$$

$$= 205.32$$

运用期权定价模型对期权费进行计算，N保险公司购买大豆看跌期权时，需要向Q期货公司支付的期权费为205.32元/吨，总期权费为12.32万元。N保险公司通过购买看跌期权将风险转移给了Q期货公司。此时，Q期货公司为了降低自身承担的风险，就会将N保险公司购买的看跌期权卖空，这样就可以达到对冲的目的。

2020年9月25日，M合作社所在地的市场中大豆现货价格可能会出现以下两种情况：

（1）大豆的现货价格＜保险中的目标价格。到期时，如果大豆的现货价格低于保险中的目标价格5500元/吨，假设为Y元/吨，差额损失为（5500－Y），那么N保险公司需要履行保险合同中的义务，向M合作社进行赔偿，同时Q期货公司也要向N保险公司进行赔偿。表5-14为价格保险＋场外期权＋期货市场风险管理模式在此例中的运行机理。

表5-14　价格保险＋场外期权＋期货市场风险管理模式的运用（一）

交易方	过程	到期	盈亏（万元）
M合作社	购买保险支付保费：16.5万元	保险生效，获得赔偿款（5500－Y）元	－16.5＋600×（5500－Y）/10000
N保险公司	出售保险收取保费：16.5万元 购买看跌期权支付：12.32万元	保险：赔付600（5500－Y）元 看跌期权：获得赔偿款600（5500－Y）元	＋16.5－12.32＋600×（5500－Y）/10000
Q期货公司	出售看跌期权收取：12.32万元	看跌期权：赔付600（5500－Y）元	＋12.32－600×（5500－Y）/10000（通过期货市场交易分散风险）

到期时，假设M合作社所在地的大豆现货价格为5100元/吨，低于目标

价格 5500 元/吨，Q 期货公司向 N 保险公司赔偿 24 万元，N 保险公司将其收到的赔偿款 24 万元再赔偿给 M 合作社。从 M 合作社的角度出发，购买保险支付保费 16.5 万元，获得赔偿 24 万元；从 N 保险公司的角度出发，出售保险获得 16.5 万元，购买看跌期权支付 12.32 万元；从 Q 期货公司的角度出发，获得期权费 12.32 万元，向 N 保险公司赔付 24 万元，Q 期货公司的损失可以在期货市场中运用期货交易得以分散。表 5-15 展示了价格保险＋场外期权＋期货市场风险管理模式在这一例子中的运用过程。

表 5-15　价格保险＋场外期权＋期货市场风险管理模式的运用（二）

交易方	过程	到期	盈亏（万元）
M 合作社	购买保险支付保费：16.5 万元	保险生效，获得赔偿款 24 万元	－16.5＋24＝7.5（万元）
N 保险公司	出售保险收取保费：16.5 万元 购买看跌期权支付：12.32 万元	保险：赔付 24 万元 看跌期权：获得赔偿款 24 万元	＋16.5－12.32＋24－24＝4.18（万元）
Q 期货公司	出售看跌期权收取：12.32 万元	看跌期权：赔付 24 万元	＋12.32－24（通过期货市场交易分散风险）

（2）大豆的现货价格＞保险中的目标价格。到期时，如果大豆的现货价格高于保险中的目标价格 5500 元/吨，假设为 Y 元/吨。表 5-16 为价格保险＋场外期权＋期货市场风险管理模式在此例中的运行机理。

表 5-16　价格保险＋场外期权＋期货市场风险管理模式的运用（三）

交易方	过程	到期	盈亏（万元）
M 合作社	购买保险支付保费：16.5 万元	无赔偿	－16.5＋600×（5500－Y）/10000
N 保险公司	出售保险收取保费：16.5 万元 购买看跌期权支付：12.32 万元	无赔偿	＋16.5－12.32＋24－24＝4.18（万元）
Q 期货公司	出售看跌期权收取：12.32 万元	无赔偿	＋12.32

到期时，假设 M 合作社所在地的大豆现货价格为 5850 元/吨，高于目标价格 5500 元/吨。从 M 合作社的角度出发，购买保险支付保费 16.5 万元，无赔偿款，受到的损失可以在现货市场中以市场价格销售大豆得以分散；从 N 保险公司的角度出发，出售保险获得 16.5 万元，购买看跌期权支付 12.32 万元；从 Q 期货公司的角度出发，获得期权费 12.32 万元。表 5-17 展示了价格

保险＋场外期权＋期货市场风险管理模式在这一例子中的运用过程。

表 5-17　价格保险＋场外期权＋期货市场风险管理模式的运用（四）

交易方	过程	到期	盈亏（万元）
M 合作社	购买保险支付保费：16.5 万元	无赔偿	－16.5＋600×（5850－5500）/10000＝4.5（万元）
N 保险公司	出售保险收取保费：16.5 万元 购买看跌期权支付：12.32 万元	无赔偿	＋16.5－12.32＋24－24＝4.18（万元）
Q 期货公司	出售看跌期权收取：12.32 万元	无赔偿	＋12.32 万元

从以上的例子可以看出，在价格保险＋场外期权＋期货市场这一风险管理模式下，农民合作社可以从期货市场中获得好处，达到风险规避的目的，同时农民合作社并没有直接参与到期货市场的交易中去，而是通过保险公司和期货公司间接地与期货市场建立了联系，并从中获益。

第六章 农村产业融合发展对策建议

现阶段，我国农村产业融合取得了一定的成效，但也存在部分问题，需要进行优化。对此，应围绕农村产业融合关键问题，结合农村农业发展的实际情况，有针对性地提出解决问题的思路和建议。

第一节 农村产业融合发展水平层面提升建议

一、农村产业转型升级路径

产业转型升级是指产业结构的高级化，其目的在于让产业向更有利于经济、社会的方向发展。产业转型升级通过对传统产业改造升级，如推动传统产业数字化、智能化转型升级等方式，为产业发展带来新的模式和发展动力。促进农村产业转型升级可以从以下两个方面进行：一是完善产业布局，发展农村优势特色产业；二是创新农业经营体系，加快培育龙头企业。

（一）完善产业布局，发展农村优势特色产业

农村产业转型升级首先需要完善产业布局，发展农村优势特色产业，优化农村产业结构。

各地区可以因地制宜，通过优化种植业结构、促进畜牧业和渔业的高质量发展等方式推动农业的转型升级。例如，在保障粮食安全的前提下，部分地区可以在水稻、水果、油菜和中药材等种植业优势产区建设高质量和标准化的生产基地，通过壮大特色农产品生产，培育一批特色较为明显的产业和特色村，增加产业的带动能力。又如，在考虑环境承载能力的前提下推进畜牧业和渔业高质量发展，可以以食草类畜牧业为重点，对畜牧业进行产业结构调整，扩大优质生猪、肉牛、肉羊的生产；调整渔业产业结构时则要充分考虑渔业资源的

可持续性,在加强渔业渔政基础设施建设的同时,也要提高渔业资源利用率和水域产出率。

总结而言,完善农村产业结构布局,发挥优势产业的带动作用,既是解决农村产业融合主体带动能力不足等问题的办法,也是推动农村产业兴旺发展的重要选择。

(二)创新农业经营体系,加快培育龙头企业

我国在促进农业转型升级和增强农村产业融合主体的带动能力时,也要注重发挥制度体系和龙头企业的重要作用。农业是农村地区的基础产业,为促进农村产业转型升级,增强农村产业的带动力和辐射力,要创新农业经营体系,巩固农业基础地位。创新农业经营体系需要发展多种形式的适度规模化经营,以此发挥农业规模效应。具体而言,我国农村可以通过发挥种养大户、家庭农场、农民合作社和农业龙头企业等经营主体的作用,整合各种农业资源,形成适度的农业规模化经营。另外,在推进农业适度规模化经营时,还要促进土地有序流转。通过加强制度设计,完善农村土地流转服务体系,搭建土地流转服务平台,规范农村土地流转市场有序运行。简言之,通过创新农业经营体系,能够更进一步推动农业产业转型升级,增强农业的带动能力。

加快培育龙头企业也是增强农村产业融合主体带动能力的有效措施。通过培育龙头企业,不仅可有效整合行业资源,增强地区产业对农民就业、增收等方面的带动力,也可有效促进农村产业集群的产生和农村产业的发展壮大。

二、增强产业融合的深度和广度

(一)推动产业资源要素深度融合

我国农村应大力发展农牧业产业化联合体、农牧民合作社和家庭农牧场,集聚要素资源形成相对优势,推动生产适度规模化、集约化、标准化,鼓励和支持农村合作组织、家庭农牧场和小微企业等在农畜产品产地建造工厂,应用新技术、新工艺、新设备进行智能化、绿色化改造,提升行业竞争力。同时,积极引进上下游企业,扩大产业集聚效应,不断提升产业竞争力。特别是着力引进和培育一批具有国际视野、先进理念、创新一流、管理科学、链条完整的龙头企业,围绕特色产业发展,延长产业链条,实行产加销一体化经营。加快产业融合平台建设,推进现代农业产业园、农业产业强镇、农村产业融合发展

示范园创建，构建涵盖生产、加工、流通、服务等一体化的产业发展体系，促进农村产业深度融合，在延长产业链和优化供应链的同时，提升价值链，让效益更多地留在农村。

(二) 丰富产业融合发展平台

首先，健全中小企业园的孵化平台。现阶段，小微企业园区已经成为小微企业创新创业"低""散"问题的解决之策。我国农村产业融合发展可借鉴浙江建设小微企业园区的经验，整合各类中小企业服务平台，强化对优秀中小企业的精准服务。依托小微企业园区，引导农村小微企业改造传统商业模式，优化企业组织结构、产品结构和经营理念，加快推进农村产业融合健康发展。

其次，完善科技创新的支撑平台。一是要建立农村产业融合科技发展专项资金，催生农牧新产品、新技术和新业态，提高农产品精深加工水平和科技支撑水平。二是需要加强科技创新融合发展，完善加工技术研发体系，推进农产品减量化、副产品综合利用和废弃物无害化处理，为农业产业链延伸和多功能拓展提供技术支撑。技术支撑能够延伸农村地区现有产业链，提高其竞争力，优化现有产业结构，逐步向下游精深加工环节发展。

最后，建设人才保障平台。一是加大本土乡贤的培育力度，本土乡贤在文化素养、思想觉悟和眼界上相对水平较高，能够在农业农村发展中发挥引领作用。二是建立完善"归巢"式人才政策支持体系，引导外出返乡人员、退伍军人和城镇农业从业人员积极参与农村产业融合发展，为农业农村持续"输血"。三是构建农业科技人才引进长效机制，加大对引进人才的扶持力度，积极搭建跨领域交流合作平台，互相激发出农村产业融合发展的新思路、新创意。

(三) 发展行业协会和产业联盟

在产业融合主体不断发展当中，在经营主体的数量不断扩大，但是经营实力和发展动力都不断弱化的情况下，应当充分发挥行业协会的作用，将产业融合主体中的龙头企业、农民合作社进行行业划分，成立行业协会，联合相关的农业院校和科研机构成立产业联盟。通过行业协会自律、教育培训和品牌营销管理，开展抱团经营，打造联合品牌，探索共同的创新机制，从而能够更好地开拓市场，抵御市场的风险。也可以防止涉农企业乱收费、乱罚款等问题，化解和防范风险问题，更好地稳定市场秩序。

(四)探索产业融合发展新主体、新业态、新模式

首先,我国要充分认识到多元融合主体在农业农村发展和联农带农方面的促进作用,通过合并、重组、联合等形式,加速多元融合主体培育,鼓励其对外合作,促进多元融合主体与超市对接,加强农产品对外展销的服务保障,推进融合主体间的深入合作,共同参与生产销售和专营策略的规划。其次,利用产生规模效应的企业带动多元融合主体的发展,扩大种养基地规模,大力发展农产品精深加工,建立健全融合主体良好发展的长效机制,发挥龙头企业的带动作用,更加规范化地进行农业生产经营,在实现自身发展的同时带动区域其他主体的生产经营。同时,引导经营主体加强与科研机构的多领域、多层次的合作交流,加强涉农企业和组织在新产品开发、产品精深加工、新技术的应用以及产品质量监测方面的能力,提升农村产业发展整体水平。最后,搭建有效平台,以云计算、人工智能、区块链等技术为支撑,把新业态、新模式培育和开发摆在更加突出的位置,鼓励企业在做好自己主营业务的基础上,围绕主业做跨界,推进传统农业产业与大健康、养生度假、文化旅游产业深度融合,延伸开发功能型产品,通过多元化发展增强产业竞争力,促进新业态、新模式产生。

三、完善利益联结机制

(一)完善订单协作利益联结机制

订单协作机制是指农户与公司签订合同,农户按照与公司约定的数量和质量进行农产品交易的合作方式,其关键是订单农业信用体系的构建,以便形成可追溯的合同管理。首先,根据国家政策法规建立信用评价体系,充分考虑双方利益,规范合同文本,完成订单合同的备案工作并完善审查制度,引导工商资本、龙头企业在平等、自愿、互惠的基础上,与农牧民建立长期稳定的合作关系。同时,引导农牧民与企业建立"阶梯式"的购销合同,以市场价格科学灵活定价,并设置保护价格。其次,发展多种形式的订单农业。一是加快发展"订单农业+分红"的形式,使订单和契约关系更为稳定,农牧户利润空间更大;二是推广"互联网+订单农业"的发展形式,鼓励经营主体利用电子商务平台与消费者进行信息共享和互动,建立农产品会员消费体系,给予会员持续优惠,创新发展订单农业。最后,推动期货市场与订单农业的有机结合,以区

域为单位,先找市场,再定量生产,以市场的需求量定农产品产量,强化产销双方的合作,形成你中有我、我中有你的利益格局。

(二) 推广股份合作利益联结机制

股份合作的发展不仅能够让农牧民盘活资源资产,还能够优化其配置,共同参与到农村产业融合发展中。股份合作主要指农牧户用自己的土地、劳动力、资金等资产投资企业,或者企业用资金、品牌、技术等资产投资农村合作组织的合作模式。这种模式使得农户与企业之间形成风险共担、互惠互利的利益格局,比订单协作联结得更为紧密。对于农牧民来说,在不改变土地承包权的前提下,鼓励其将土地流转至龙头企业、产业融合示范园和农牧民合作社等,量化股份获取分红,积极参与股份制合作社的建立,参与农村产业融合,直接获得经营农业下游产品的收入;对于企业来说,鼓励发展多种分配模式,保证最基本的分红收益,引入农村闲置劳动力资源和资金,通过加工和销售环节的收入带动其持续增收;在社会资本方面,鼓励其以入股的方式参与农产品深加工、现代包装运输、品牌建设等涉农领域,提高产品附加值,扩大农业产业化的广度和深度,建立利益共同体和共赢机制,使产业链的增值收益可以更多地惠及农村、农民。

(三) 推动多方联动利益联结机制

农村产业融合中的多方利益联结机制指的是由政府协调,各方主体(社会、科研平台、高校、农企、农牧民合作社和农牧户)共同参与到农村产业融合发展中,构建利益共同体,将先进的技术、服务和理念带入农业生产当中,拓展农业产业链,提高农业价值链,促进农牧民增收。首先,依托核心企业,利用价值链、信息链和物流链整合各方利益主体,鼓励科研机构将知识产权、技术服务或专利成果入股农村合作组织或涉农企业中,培育农业技术创新发展联盟平台,推动农业技术创新,共享农村产业融合收益;其次,完善产销联动机制,支持农产品产销双向合作互动,鼓励批发商、零售商和农村合作组织共建农产品标准化基地,以生态农畜产品的质量保证寻求大型连锁超市的合作机会,强化"农超对接"利益联结;最后,探索建立相应的评价体系,以经营主体的经营能力、带动农牧民数量等作为政府提供资金支持的重要参考,建立奖惩机制,规范多方经营主体的行为,推动多方联动的利益联结机制。

第二节 农村产业融合发展服务层面优化建议

在农村产业融合发展的过程中,信息、技术和资金的限制导致产业融合发展滞后,为解决这一问题,迫切需要获取与产业融合相关的服务和帮助,助力产业融合发展。

一、培育壮大农村产业融合主体

农村产业融合主体是产业融合发展的顶梁柱,其发展情况直接影响着农村产业融合的发展质量。近年来农村产业融合主体发展迅速,在数量上有所突破,但是仍存在发展规模小、平台实力弱和抵抗风险能力差的问题。因此,在产业融合发展中需要壮大产业融合发展主体,使其可以更好地为农村产业融合发展服务。

(一)推进农民合作社和家庭农场融合发展

在我国农村生产中,农民合作社有着悠久的历史,农村的合作发展往往可以起到1+1>2的效果,这对于农村农业发展有着重要意义,并决定着产业融合发展的成败。基于此,为了实现农村产业融合发展,我国农业发展应重视提升农民合作社和家庭农场融合发展能力。具体可以从以下几方面入手:一是在农业生产中引导农民合作社和家庭农场进行规范化运营,支持农民合作社拓展经营内容,包括延长农业产业链、发展农产品精深加工、建立电子销售网络以及开发乡村旅游和休闲农业等新型农业经营模式。二是鼓励新型农业经营主体进行多种形式的合作和联合,发挥农民合作社连接龙头企业和家庭农场的纽带作用,密切各主体间利益联结,促进全产业链发展。同时,还要支持农民创新创业,兴办小微企业,因地制宜地发展农产品加工。三是建立扶持新型农业经营主体发展专项资金,重点用于扶持农民合作社和家庭农场开展规范化建设示范,吸引更多农户参与到农村产业融合发展中。

(二)打造农村产业融合龙头企业

由于龙头企业在农业供给侧结构性改革和农村产业融合发展中发挥着至关重要作用,因此,在农村产业融合发展中要打造引领产业融合的龙头企业。具体可以从以下几方面入手:一是给予龙头企业政策优惠,增强在土地、财政和税收等方面的支持力度，对于当地有着较强辐射带动力的农业龙头企业，应集中市区两级财政扶持资金，有针对性地给予关注和扶持，促进其良性健康壮大发展。二是立足于当地的实际发展情况，由政府出面鼓励和引导相关的农业上下游企业联合或合并，以此完善农村产业结构，加快农村产业链价值链建设。三是支持龙头企业建设现代化的物流体系，加强产业链和供应链的建设，完善农产品营销网络。同时支持龙头企业开展地理标志产品保护，实施品牌发展战略，提升农产品竞争力，带动当地的产业升级发展。四是积极引导龙头企业带领农户和农民合作社进行规模化经营，实现标准化的种养、管理和生产，为农产品加工业发展提供原料保障。

（三）引进社会资本全产业链投入运营

在农村实际发展中发现，农村产业融合发展过程中需要大量资金，仅仅依靠国家、地方财政和税收支持是远远不够的。因此，进行农村产业融合发展时应鼓励社会资本投入，引导社会资本全产业链进入农村产业融合发展中。具体可以从以下几方面入手：一是创新农业投入的新型融资方式，鼓励社会资本加入农村产业融合发展，支持社会资本以众筹模式、"互联网＋"模式，以及同政府合作等方式，投资设施农业、现代种业、特色农业、休闲农业等领域；二是鼓励工商企业发挥技术、市场和资金优势，参与农村产业融合，大力支持符合上市条件的龙头企业通过多种方式上市融资，加快自身发展；三是将社会资本及其全产业链列入产业融合主体名单中，让参与农村产业融合发展的社会资本可以得到同其他产业融合主体同样的待遇，包括政策倾斜、财税优惠补贴以及其他惠及农村产业融合发展的有利条件。

（四）重构农村供销合作社综合服务机制

供销合作社作为农村的主要经济组织，在为农服务、促进农村产业融合发展等方面起到了重要的作用，极大地促进了农村经济发展。供销合作社的经营网络遍布全国乡村，这是其独特优势。对此，应在农村产业融合发展中充分发挥合作社的优势，重构农村供销合作社服务机制。具体可以从以下几方面入手：一是在供销合作社原有的流通网络优势基础上，将互联网引入农村经济，大力打造"网上供销合作社"，创新农资经营服务方式，推进服务转型，延伸服务链条；二是探索农村合作金融服务新方式，创新原有的农村金融服务模式，为农产品和农产品加工品的消费开拓销售渠道，构建覆盖产供销各环节的综合服务新机制。

二、构建农村产业融合信息服务平台

高效的信息服务有助于加快农村产业融合发展,因而各省(区、市)应当在原有的12316农业信息服务综合平台的基础上,搭建农村产业融合服务平台,推进信息服务与农技服务深度融合,实现信息服务进村入户。在信息支持方面,完善农业原材料信息,建设农产品加工监测预警系统,为农产品原料生产、加工、销售提供数据支持,平衡农产品供销关系,维护企业、农民利益;在农业材料监管方面,建设完善全省农资监管平台,将农药、兽药和肥料、种子、饲料等主要农资纳入平台监管,实现农资产品购、销、用流向全程可追溯;在农业产品质量安全方面,建设农产品质量安全查询平台,使其与农业部追溯平台和省级食品安全追溯平台实现数据互联共享。

三、创新农村产业融合金融服务方式

在农村快速发展背景下,农村的金融服务能力明显不足,要解决这一问题,应加快农村金融建设,创新农村产业融合金融服务方式。具体可以从以下几方面入手:一是积极推进农村承包土地的经营权、农民住房财产权抵押贷款试点,为农民提供更多的生产资金;二是农业金融机构应带头建立互助担保基金为龙头企业、农民合作社提供金融服务,同时也为产业融合中的上下游企业和农户提供融资担保服务;三是将涉及农村产业融合发展的项目优先纳入省级农业信贷担保公司服务范围,为其发展提高更多的金融支持。四是积极推动移动支付、互联网支付在农村资金结算中的运用,加快建立集合信贷、租赁、股权、债券、投贷联动以及产业基金等多种功能的综合投融资服务体系。

四、加大农村产业融合人才和科技投入

农村产业融合发展需要人才和技术的支持,因此在农村产业融合发展中应加强人才和科技的支撑作用。具体可以从以下几方面入手:一是鼓励科研人员以兼职或者技术顾问的身份参与到新型农业经营主体的发展之中,支持科研人员以知识产权入股,参与企业分红,同时依法提高科技成果转化收益的分享比例。二是积极开展科技下乡"双百"行动,为农业企业等产业融合主体提供产业融合的技术创新服务,引导科研人员对农业产业链的发展进行深入研究,以

此实现技术、资本、人才有机结合。三是加强农村人才的培养，制订农民职业技能提升计划，鼓励高校和研究院所开展农村实用人才和新型职业农民培养计划，为农村培养懂经营、懂技术的复合型人才。同时鼓励农村产业融合发展的重点企业建立人才教学和实训基地，采取跟踪辅导、结对子等形式，帮助农民实现农业技术的改革和创新。四是做到"走出去"和"引进来"的有机结合，在学习江浙一带现代农业发展的先进理念和借鉴其农业转型发展的典型经验的同时，加快落实人才引进政策，鼓励大学生回乡创办农民合作社、家庭农场，并给予相应的帮扶政策支持。

第三节 农村产业融合发展政府层面优化建议

农村产业融合发展并非一蹴而就，而是需要在国家多方面支持下不断完善和推进。具体而言，在农村产业融合发展中需要健全农村产业融合的推进机制，解决农村产业融合发展过程中出现的问题，这需要从组织领导、试点示范和各部门协作配合等方面加强。

一、扩大地方政府农村产业融合的自主性

在农村产业融合发展中，一定要扩大地方政府农村产业融合的自主性。具体可以从以下几方面入手：一是地方政府在制定经济社会发展总体规划时，应把推进农村产业融合发展提上日程，将农村产业融合纳入重点范围，同时可以给予相关的政策倾斜。二是地方政府应当积极发挥引导作用，加强组织领导，积极投身于产业融合发展规划、政策制定、信息沟通、区域协调以及监督指导等工作中。对于地区试点示范工作应采取主体责任制，由各地方政府主要领导担任责任人。三是梳理当前农村产业发展的优势和薄弱环节，制定具体实施方案，借助市场和财税支农政策，完善信息咨询、质量监管、技术支持、创业辅导以及融资担保等各类服务，引导资金、技术和人才等要素向农村产业融合集聚。

二、推动基层政府"放管服"措施有效实施

在农村产业融合发展中，各地政府在发挥组织领导作用的同时，应当积极加快地方政府在农村产业融合发展中的"放管服"改革，主要包括以下三个方

面：一是要简政放权，降低准入门槛。具体要简化申请参与农村产业融合发展的相关流程和步骤，同时将权力下放，让农村在发展中拥有一定的自主空间。此外，还要降低进入农村产业融合发展的门槛，鼓励更多的农企和农户参与到农村产业融合发展之中。二是要创新监管，促进公平竞争。在农村产业融合发展中应当创新监管机制，建立多部门联合监管检查小组，减少农村产业融合发展过程中的漏洞，同时也要注意发展农村产业融合时的公平公正问题，保证各产业融合主体在发展中可以公平竞争。三是要高效服务，营造便利环境。地方政府应为农村产业融合发展创造便利的条件，对于农村产业融合发展中遇到的问题，有关部门应当优先处理，做到专事专办。为农企和农户开通农业发展绿色直通车，方便农企和农户办理相关的涉农业务，同时为农企和农户提供相应的农业指导服务。

三、加快推进产业融合创新成果复制和推广

由于农村产业融合发展是一个由点到线、由线到面的动态发展过程，因此，我国应当加快农村产业融合试点的建设工作，让试点成为示范，加快产业融合创新成果复制和推广，为推进其他地区的农村产业融合夯实基础。具体可以从几方面入手：一是在农村产业融合发展的初期建立农村产业融合试验点，总结试点发展中成功和失败的两方面经验。同时通过试点建设探查区域内的发展能力和发展条件，为该地区产业融合的进一步发展做好准备。二是利用建设国家级农村产业融合试验点时总结的经验，打造一批省级农村产业融合发展的试验点，并通过这些国家级和省级的产业融合试验点来总结可复制、可推广的经验，促进本省农村产业融合快速发展。三是做好农村产业融合试点的宣传工作，向农户展示成功的经验和发展案例，增强农户对于农村产业融合发展的信心，激励更多农户参与到农村产业融合发展之中。

四、建立农村产业融合"单一窗口"管理机制

农村产业融合是对农业多功能性发展的继承和发扬，相较于农业多功能性发展，农村产业融合发展中出现的问题更加复杂。这些问题往往不能仅由一个部门单独解决，而是需要多个相关农业部门协作解决，甚至有些问题还需要非农业部门介入。因此，在农村产业融合发展中应要求有关部门按照职责分工紧密合作，通过建立农村产业融合"单一窗口"管理机制，共同为农村产业融合

的发展保驾护航。一是对农村产业融合发展中经常出现的问题,应当由政府出面来组织涉及工作的部门联合解决问题,并制定统一的行为准则和解决办法;二是对农村产业融合发展中遇到的个别问题,可以抽调相关部门的工作人员组建专题组,共同探讨研究并提出适当的解决方案来解决问题。

五、完善"事中事后监管"机制

农村产业融合的发展建设是一个长期的过程,除了要在发展初期制定详尽的发展规划外,还要加强对发展建设中期和后期的关注。对此,在发展农村产业融合时应当完善"事中事后监管"机制,保证农村产业融合发展全过程的稳定。具体可以从以下几方面入手:一是对农村产业融合进行阶段性的成果验收,检验其发展成果是否达到发展规划的阶段性要求;二是以阶段性发展成果检验情况作为依据,对原先的发展规划进行优化和升级,同时可以将原发展规划中不符合当地实际发展情况的细节进行合理的修改和变动;三是在农村产业融合的建设完成时,应当组织相关部门组成专家组对发展情况进行评估预测,为当地农村产业融合未来的发展提供指导性的新建议和新规划。

进入新时代,我国经济发展水平不断提高,使得人们的消费结构发生改变,初级农产品滞销和高质量农产品供给不足的新问题也不断涌现。为了解决我国农业发展中的复杂问题,国家适时提出从"产业兴旺、生态宜居、乡风文明、治理有效、生活富裕"等方面实现农村的全面推进,其中产业兴旺是核心,这需要通过农村产业融合发展来实现。这表明农村产业融合发展是我国农村发展的重点,需要引起重视。

综上所述,产业融合不断为产业、经济发展注入持续动力,日渐成为提升产业活力、促进经济增长的重要驱动力量。农业与相关产业融合及农业产业内部间融合改变着传统农业的生产与服务方式,推动着传统农业产业结构优化与发展,为农业发展提供了新的增长方式,是当今形势下农业农村发展的重大机遇。

参 考 文 献

[1] 曹哲. 我国农村一二三产业融合发展的基本样态与创新路径研究 [J]. 西南金融, 2022 (7): 30—41.

[2] 常颖. 农业农村现代化视野下农村产业融合发展的价值、挑战与对策 [J]. 中共济南市委党校学报, 2020 (6): 118—122.

[3] 陈飞. 我国农村产业融合现状、问题及发展路径研究 [J]. 热带农业工程, 2020 (2): 37—39.

[4] 陈红霞, 雷佳. 农村一二三产业融合的政策体系及结构特征分析 [J]. 农村经济与科技, 2020 (17): 1—3.

[5] 陈维操. 中国农村产业融合机制研究 [D]. 成都: 四川大学, 2021.

[6] 陈卓. 现代农业背景下农村产业融合发展模式研究 [J]. 吉林广播电视大学学报, 2020 (10): 66—67.

[7] 丁姝羽. 农村产业融合的区域差异及驱动因素研究 [D]. 成都: 成都理工大学, 2021.

[8] 方宜霞. 我国农村产业融合发展面临的金融困境与创新思考 [J]. 农业经济, 2020 (11): 115—116.

[9] 傅琳琳, 黄祖辉, 朋文欢. 农村产业融合经营主体"互利共生"的机理与推进路径 [J]. 南京农业大学学报 (社会科学版), 2022 (6): 69—77.

[10] 郭晓燕. 我国农村产业融合发展的金融困境与创新 [J]. 农业经济, 2020 (11): 106—108.

[11] 国晖. 农村产业融合发展问题研究 [J]. 农业经济, 2021 (11): 12—14.

[12] 和龙. 我国农村产业融合发展风险管理研究 [D]. 北京: 北京交通大学, 2018.

[13] 洪润平. 数字经济推动农村一二三产业融合发展的策略分析 [J]. 现代农业研究, 2022 (9): 31—33.

[14] 黄丹. 农村产业融合对土地多功能利用绩效的影响研究 [D]. 武汉: 华中农业大学, 2020.

[15] 黄小薇. 农村产业融合发展探讨 [J]. 当代县域经济, 2022 (2): 54—56.

[16] 江泽林. 农村一二三产业融合发展再探索 [J]. 农业经济问题, 2021 (6): 8—18.

[17] 姜峥. 农村一二三产业融合发展水平评价、经济效应与对策研究 [D]. 哈尔滨: 东北农业大学, 2018.

[18] 黎新伍, 徐书彬. 农村产业融合: 水平测度与空间分布格局 [J]. 中国农业资源与区划, 2021 (12): 60—74.

[19] 李虹婵, 张景宇, 宋连久. 农村产业融合研究综述 [J]. 现代农村科技, 2022 (11): 1—3.

[20] 李莉. 农村产业融合的测度与时空特征 [J]. 统计学报, 2021 (3): 14—19.

[21] 李千帆, 赖洁瑜. 农村电子商务与农村产业融合下的电子商务产业链重构 [J]. 农村经济与科技, 2020 (19): 168—169+244.

[22] 梁飞瑶. 我国农村产业融合发展研究 [D]. 沈阳: 辽宁大学, 2021.

[23] 刘婷. 农村一二三产业融合发展模式与路径研究 [J]. 黑河学院学报, 2021 (8): 43—47.

[24] 罗明忠, 魏滨辉. 农村产业融合的环境效应分析 [J]. 农村经济, 2022 (12): 57—66.

[25] 马晓河, 余涛. 农村产业融合发展阶段分析及其启示 [J]. 中国物价, 2020 (9): 3—6.

[26] 孟帅, 柳军, 鄢裕强. 中国农村产业融合发展现状及展望 [J]. 粮食科技与经济, 2021 (4): 37—40+64.

[27] 米吉提·哈得尔, 杨梅. 农村产业融合发展的现实困境与改进策略 [J]. 农业经济, 2022 (1): 55—57.

[28] 彭跃秒, 李秋敏. 农村产业融合发展研究综述 [J]. 价值工程, 2020 (19): 256—257.

[29] 乔文俊. 农村产业融合发展的动因、问题和对策研究 [J]. 当代农村财经, 2020 (10): 55—59.

[30] 石天赐, 戚振宇. 农村一二三产业融合的利益联结机制研究 [J]. 商业经济, 2023 (2): 122—124.

[31] 孙江超. 论农村产业融合发展模式及着力点 [J]. 农业经济, 2020 (6): 33—35.

[32] 孙路亮,杨立志. 农村产业融合中复合型人才短缺问题研究 [J]. 山西经济管理干部学院学报, 2022 (2): 6—10.

[33] 孙逊. 农村一二三产业融合发展面临的问题及对策 [J]. 乡村科技, 2020 (16): 30—31.

[34] 汤楚瑶. 我国农村产业融合发展研究 [J]. 乡村科技, 2021 (24): 65—66.

[35] 田世野. 中国农村产业融合发展共享机制构建研究 [D]. 成都: 西南财经大学, 2019.

[36] 田永霞. 农村产业融合模式及时空差异研究 [D]. 济南: 山东大学, 2020.

[37] 万坚, 蒋莉莉. 农村产业融合发展存在的问题及对策 [J]. 理论与当代, 2021 (5): 18—20.

[38] 王广英, 刘广伟. 新时期农村一二三产业融合发展的新趋势探究 [J]. 南方农业, 2021 (21): 101—102.

[39] 王纪龙, 史雯雯, 李霞. 中国农村一二三产业融合程度测评研究 [J]. 海峡科技与产业, 2021 (12): 19—25.

[40] 王晓鹏. 科技创新驱动农村一二三产业融合发展研究 [D]. 太原: 山西财经大学, 2020.

[41] 王玉强. 推进农村一二三产业融合发展的路径和着力点 [J]. 河北农业, 2022 (6): 46—47.

[42] 徐建华, 林洪波. 农村一二三产业融合发展的理论逻辑与路径选择 [J]. 辽宁行政学院学报, 2020 (4): 60—64.

[43] 徐志明. 农村一二三产业融合发展的路径选择 [J]. 江南论坛, 2021 (4): 4—6.

[44] 于霄达. 农村产业融合存在的问题及对策分析 [J]. 广东经济, 2021 (9): 80—83.

[45] 余涛. 农村一二三产业融合发展的评价及分析 [J]. 宏观经济研究, 2020 (11): 76—85.

[46] 张力. 农村产业融合的现状与对策 [J]. 广东蚕业, 2020 (11): 155—156.

[47] 张麦生, 陈丹宇. 我国农村产业融合的动因及其实现机制研究 [J]. 农业经济, 2020 (8): 6—8.

[48] 赵桂阳. 农村产业融合发展的经济效应研究 [D]. 南宁: 广西大

学，2019.

[49] 郑甘甜，陈胜，张开华. 农村产业融合发展：成效、困境与对策思路[J]. 农业经济，2022（6）：9－11.

[50] 左燕. 数字经济促进农村产业融合发展的路径研究[J]. 农村经济与科技，2020（16）：143－144.